心理学の世界　基礎編　8

臨床心理学
心の専門家の教育と心の支援

鑪 幹八郎・川畑直人 共著

培風館

本書の無断複写は，著作権法上での例外を除き，禁じられています。
本書を複写される場合は，その都度当社の許諾を得てください。

「心理学の世界」へのご案内

このシリーズ35巻は，現代人の心理学に対するさまざまな期待や要望に，できるだけきめ細かく，適切に応えようとして企画されたものです。

現代の社会は複雑かつ急速に変化するようになり，いわゆるバーチャル空間の影響も加わって，人心のあり方がこれまでになく多様化し，相互理解が難しくなってきています。予想もしなかったような事故や犯罪が続発するようになって，誰もが人間の心のはたらき方に，疑問や関心を抱かざるをえなくなってきた感があります。

一方，そうした疑問・関心になんらかの答えを用意すべき心理学はというと，過去1世紀のあいだに多様な領域に分化して発展しており，その成果を適切なバランスで把握することが，非常に難しくなっています。関心を抱く人々の側の要求も予備知識も多様であることを考え合わせ，このシリーズでは，ねらいの異なる3つのグループに区分けして，編集することにしました。

第1のグループは「教養編」5巻です。これは心理学というのはどんな学問か，とにかく気楽に，楽しく勉強してみたいと考えている読者を対象に，心理学の興味深い側面を紹介して，より組織的な学習への橋渡しをしようとするグループです。

---

1. 心理学の切り口　　森正義彦 編著／藤永 保・海保博之・
　　　　　　　　　　松原達哉・織田正美・繁桝算男 著
2. 認知と学習の心理学　　海保博之 著
3. 発達と教育の心理学　　麻生 武 著
4. 人間関係の心理学　　齊藤 勇 著
5. パーソナリティと臨床の心理学　　杉浦義典・丹野義彦 著

第2のグループは「基礎編」12巻です。これは学部レベルで開講される各種心理学の講義の受講者，心理学関係の資格試験を受験しようとする学習者を対象に，各分野の代表的な理論的・経験的研究を適度の詳しさで解説するグループです。心理学の標準的な領域・知識を網羅し，各種心理学試験の受験に必要となる大学学部レベルの基礎学力を養成することを，主目標としています。

```
1.  心理学研究法      森 正義彦・篠原弘章 著
2.  学習心理学        森 敏昭・中條和光・岡 直樹 著
3.  認知心理学        太田信夫 著
4.  知覚心理学        佐藤隆夫・茅原拓朗・北﨑充晃 著
5.  発達心理学        無藤 隆 著
6.  教育心理学        新井邦二郎・濱口佳和・佐藤 純 著
7.  社会心理学        高木 修・大坊郁夫・堀毛一也 著
8.  臨床心理学        鑪 幹八郎・川畑直人 著
9.  パーソナリティ心理学   杉山憲司 著
10. 組織心理学        古川久敬 著
11. 感情心理学        遠藤利彦 著
12. 生理心理学        堀 忠雄 著
```

　第3のグループは「専門編」18巻です。これは基礎知識を習得した上で，より専門的知識を深めようとする心理学専攻の学部学生や大学院生，ひととおりの予備知識を背景に，興味を抱いた分野のより高度な知識を得ようとする一般読者を対象に，最新の研究成果や特化したテーマについての詳細な知識を紹介するシリーズです。

```
1. 健康心理学        織田正美・津田 彰 著
2. 老年心理学        長田久雄 著
3. カウンセリング心理学   松原達哉・松原由枝・宮崎圭子 著
4. 犯罪心理学        大渕憲一 著
5. ジェンダーの心理学    鈴木淳子・柏木惠子 著
```

> 6. 産業心理学　　宮城まり子 著
> 7. リスクの心理学　　広瀬弘忠・土田昭司・中畝菜穂子 著
> 8. スポーツ心理学　　中込四郎・山本裕二・伊藤豊彦 著
> 9. 文化心理学　　山岸俊男・増田貴彦 著
> 10. 進化心理学　　長谷川寿一・平石 界 著
> 11. 経済心理学　　竹村和久 著
> 12. 法と倫理の心理学　　仲 真紀子 著
> 13. アセスメントの心理学　　島田 修・橋本忠行 著
> 14. 計量心理学　　岡本安晴 著
> 15. 心理統計学　　繁桝算男・大森拓哉・橋本貴充 著
> 16. 数理心理学　　吉野諒三・千野直仁・山岸侯彦 著
> 17. 神経心理学　　河内十郎 著
> 18. 遺伝と環境の心理学　　安藤寿康 著

　現在，日本の心理学界では，心理学関係の各種資格制度をより信頼性の高いものに改変しようと検討を重ねています。このような折，本シリーズは，

① これまでの心理学研究の主要な成果をまとめること
② 心理学という視点からいまという時代をとらえること
③ 時代の要請や問題に応え，未来に向けての示唆・指針を提供すること

をめざすものです。

　これらの目標を「質とまとまりのよさ」という点からも満足できる水準で達成するために，各分野で定評のある代表的な研究者に執筆を依頼するとともに，各書目ごとの執筆者数をできるだけ抑える方針を採用しました。さらに，監修者会議を頻繁に開き，各巻の執筆者とのコミュニケーションを密にして，シリーズ全体としてのバランスと統合性にも配慮しました。

この心理学書シリーズが，より多くの読者に親しまれ，関心と期待に応える形で結晶することを，心から願っております。また，このシリーズの企画実現に機会をくださった，培風館の山本 格社長をはじめ同社編集部のみなさん，なかんずく企画から編集・校正など出版に至る過程の実質的なプロモーターとしてご尽力くださった小林弘昌氏に，紙面を借りて厚く御礼申し上げます。

　　　　　　　　　　監修者
　　　　　　　　　　　森正 義彦　　松原 達哉
　　　　　　　　　　　織田 正美　　繁桝 算男

まえがき

　本書は臨床心理学とは何かということを説明する。最近，日本でも「臨床心理士」が社会的に話題になるようになった。臨床心理士が社会的に役に立つ仕事ができるようになったことが理由であろう。臨床心理士が土台としている学問が「臨床心理学」である。そして臨床心理士が行っている仕事が「心理臨床活動」である。臨床心理士を大きくとらえたものが「心理臨床家」である。本書の中でも，臨床心理学と心理臨床学が同じ内容を示すものとして使われている。また，臨床心理士と心理臨床家は同じ内容を意味することばとして使われている。

　臨床心理学は心理学の一分野である。臨床心理学は心理学の研究による知識と経験の積み重ねを土台にして，実際の社会的な問題に心理的援助として貢献しようとする学問であり，活動である。心理学的研究と同時に，医学や教育など心理学以外の実践的学問を土台にしている点で独特な特徴がある。また，心の支援活動としても，心理学を土台としている点で，医学，福祉，看護などの活動とは違っている。臨床心理学の定義については第1章で述べることにする。

　臨床心理学と他の心理学との大きな違いは，他の心理学全般が知的な関心を中心にして，研究を展開し，学問的な体系を創ろうとしているのに対して，臨床心理学は学校，家族，地域，会社などで心の問題で苦しんでいる人たちに心理的な援助を，まず考えるという

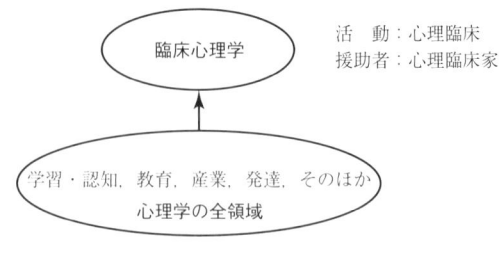

図1 臨床心理学と一般心理学

ことである。その点で医学と似ている。まず，病があり，それに対する治療的な援助があり，病を研究し，援助の質を高めるための研究がある。これが医学としての学問体系になっている。同じように，臨床心理学の学問的な体系としては「心の問題」→「援助活動」→「研究」→「学問体系」という順序を踏むということである。この点は本論の中で繰り返し述べられている。

　臨床心理学の中心はアセスメントと直接的な心理的支援活動，心理的な問題や問題行動の理解を進めることである。本書でも大部分の頁をこれに当てている。心理的な問題や問題行動の理解は人間の心が両親や家族，その他の周囲との関係の中でどのように変化をしていくか，またどのように心の問題や問題行動がつくられていくかを明らかにしようとしている。臨床心理学の側面としては，知的な問題，情緒的な問題，行動的な問題などの人の心理的働きに関係して起こるさまざまの問題を援助し，改善をはかるのである。そのためには対象をできるだけ正確に理解し，評価することを欠くことはできない。この側面がアセスメントといわれる活動であり，研究である。

　例えば，少年の犯した触法・犯罪行為に対して，少年鑑別所で仕

事をしている鑑別技官と呼ばれる心理臨床家は，少年の家庭環境，地域環境，学校環境，友人関係，成育史，知的能力，行動的問題の発生経過やこれまでの心の変化や状態などを測定・評価する。それによって，その少年がこれから社会的に適応していく道を探っていくのである。このような総合的な評価をアセスメントと言っている。そして適応的・改善的な道を少年と探る直接的な支援の働きが心理教育・心理療法的処遇の活動である。

　心の問題は私たちの日常に存在しているのであるから，その領域も広いものであることは誰にもよくわかるだろう。子どもの問題はそれ自体適切に対処しなければならない。また，学校の問題が大きく関与しているかも知れない。そうであれば学校のスクールカウンセラーや校長先生や担任の先生，その他の学校関係者との協力の下で心理的な援助が必要となる。子どもの問題には，親の問題が大きく関与している。だから，親への心理的な援助が必要となる。親自身のもつ夫婦問題が大きく関与しているかもしれない。そうであれば夫婦関係の調整の必要がある。その親が会社で働きながら心理的なストレスで苦しんでいるかも知れない。そうであれば，会社の産業医や産業カウンセラーと協力して心理的な援助が必要かも知れない。地域で受け入れられなくて，問題の子として扱われているかもしれない。そうであれば，地域の人々への心理的な援助活動が必要となるかもしれない。

　ひとりの子どもや少年の問題を考えると，その子どもや少年への直接的な心理的働きかけと同時に，多くの周辺の側面がまた働きかけの対象となるのである。それら周辺的働きかけが大変重要な事柄になるのである。このようにひとつの問題をとっても，多くのかかわりがあり，それに対する心理的な対処が必要である。このように

みると，臨床心理学の領域は広く複雑であることがわかるだろう。

このように広い領域と複雑な問題であるので，臨床心理学を学んで専門家として活躍したい人は多くの勉強をしなければならないことは明らかである。それは医師が多くの勉強をして医師になるのと同様である。現在のところ，臨床心理学の勉強が学部から6年，つまり学部の心理学教育を終えて，大学院の2年の専門的教育・研修を受けているのは，最低の規準であると考えられる*)。心の問題を扱う以上，それは当然のことではないだろうか。自分に心の悩みがあるとき，どのような訓練を受け，勉強をした人に援助を受けたいかということを考えると，このことは納得することができるだろう。本書は学部で心理学を学ぶ人々のために書かれているが，臨床心理学の勉強は大学院まで続くことを前提として考えて書かれている。読者もそのようなつもりで本書をひもといていただけることを願っている。

また，臨床心理学を学ぶためには，多くの本を読んで学習していかねばならない。このために，最終章に臨床心理学の参考図書を解説して載せてある。必要に応じて参照し，手にとって見て欲しい。すべての本が大学の図書館にあるはずだから。

2009年6月

鑪 幹八郎

---

*)国家資格の「公認心理師」(2015年公布，2017年施行)を得る必要がある。2018年から国家資格試験が開始された。

目 次

1章 臨床心理学の基礎　　1

臨床心理学の歴史と広がり

1-1 臨床心理学の歴史と展開　1
1-2 臨床心理学の定義と独自性　8
1-3 臨床心理学の領域と対象　11
1-4 心理的援助の方法　14
1-5 臨床心理学の教育と研修　16
1-6 職業倫理の問題と倫理綱領　17

2章 心理臨床面接の意義と機能　　25

臨床心理学の実践が展開する場

2-1 心理臨床面接の基本と共通点　25
2-2 臨床心理学における面接　26
2-3 心理臨床面接の種類　27
2-4 心理臨床面接の援助的性質　30

3章 精神分析　　33

心理療法の源流

3-1 精神分析　33
3-2 精神分析の成立　34
3-3 フロイトの心理学体系　36
3-4 精神分析の面接　39
3-5 おわりに　43

4章 発達論的な精神分析理論と心理面接　47
理論的分岐と面接スタンスの多様化
- 4-1 エリクソンの個体発達分化論　48
- 4-2 ウィニコットの発達促進的な環境論　53
- 4-3 コフートの自己心理学　55
- 4-4 サリヴァンの対人関係論　57

5章 クライエント中心療法　63
人間性心理学の流れから生まれた非指示的カウンセリング
- 5-1 ロジャーズについて　64
- 5-2 クライエント中心療法　64
- 5-3 自己および自己実現　66
- 5-4 クライエント中心療法の面接　67
- 5-5 ロジャーズと日本の心理臨床　69
- 5-6 精神分析的心理療法との比較　70

6章 行動論的心理療法　73
実証的学習心理学の知見に基づく介入技法
- 6-1 オペラント条件づけを用いるもの(応用行動分析)　74
- 6-2 古典的条件づけに基づくもの　77
- 6-3 認知過程に注目するもの　80
- 6-4 まとめ　86

7章 集団心理療法　89
参加者同士が影響を与えあう
- 7-1 集団心理療法の歴史　90
- 7-2 集団心理療法の援助的要素　98

8章　家族療法　　　　　　　　　　　　　　　　　　105

家族に対して働きかける

- 8-1　家族療法の歴史　106
- 8-2　家族療法の諸派　109
- 8-3　おわりに　116

9章　子どもの心理療法　　　　　　　　　　　　　　119

遊びを介したかかわりの有用性

- 9-1　遊びを用いた子どもの心理療法：歴史的な三つの立場　121
- 9-2　遊戯療法における変化促進的要因　129
- 9-3　おわりに　135

10章　臨床心理的地域援助　　　　　　　　　　　　137

コミュニティを支える援助の視点

- 10-1　臨床心理的地域援助とコミュニティ心理学　138
- 10-2　伝統的心理臨床との違い　140
- 10-3　臨床心理的地域援助の介入の種類　142
- 10-4　臨床心理的地域援助の実例　144
- 10-5　臨床心理的地域援助において求められる技術　148

11章　心理査定・アセスメント　　　　　　　　　153

クライエント理解のための臨床心理学的手法

- 11-1　知能の概念と測定　155
- 11-2　臨床場面で用いられる知能検査　159
- 11-3　人格の概念と測定　163
- 11-4　人格査定の方法論　168
- 11-5　臨床場面で用いられる代表的な人格検査　170
- 11-6　援助的面接の中の心理査定　177
- 11-7　心理査定のプロセスと診断　183
- 11-8　心理査定が生かされる臨床現場　188

12章　臨床心理学の学習　　　　　　　　　　　　　193

臨床という学びの特徴
12-1　歴史と展開　193
12-2　臨床心理学の学習内容　195

13章　臨床心理学の研究　　　　　　　　　　　　　201

研究することの意味
13-1　研究とはなんだろうか　201
13-2　研究の意義　202
13-3　心理学の研究とは何か　204
13-4　臨床心理学の考え　206
13-5　臨床心理学研究で変数をどのようにとらえるか　209
13-6　臨床心理学の研究　210

14章　臨床心理学の学習のためのテキスト　　　　　217

臨床心理学の学びを進める
14-1　臨床心理学全体を見渡すもの　218
14-2　臨床心理学の学習のためのテキスト　221
14-3　辞典・事典に関するもの　223
14-4　心の発達・ライフサイクルに関するもの　224
14-5　精神障害に関するもの　226
14-6　心理療法・心理面接に関するもの　227
14-7　個別的な問題について　230
14-8　臨床心理士自身やカウンセラーとは　232

課題・問題の解答，考えるためのキーワード　　　　233
引用・参考文献　　　　　　　　　　　　　　　　　238
索　　引　　　　　　　　　　　　　　　　　　　　245

1章

臨床心理学の基礎

臨床心理学の歴史と広がり

❰キーワード❱

臨床心理学の歴史,臨床,シャルコー,メスメル,フロイト,エレンバーガー,輸入文化,催眠術,呪術,来談者中心療法,外延的定義,内包的定義,臨床心理学の領域,臨床心理学の対象,精神病理,心理的援助,心理臨床学会,職業倫理

●● 1-1 ●●
臨床心理学の歴史と展開

　臨床心理学の歴史は,現在の時点で臨床心理学をどのように定義するかによって違ってくる。ここでは「まえがき」ですでに述べたように,臨床心理学を心の問題で現実に悩み苦しんでいる人々へ,また,自己啓発的なことがらについて,心理学的な知見を基にして援助しようとする技法であり,その体系であり,それに関する研究と理論を統合した学問の体系であると定義しておきたい。どのように今日の体系ができてきたかについて,欧米でも日本でも,歴史をさかのぼって考えることができる。ここでは欧米と日本に分けて,

1

臨床心理学の歴史を述べてみたい。

(1) 欧米の歴史

　心の問題や心の障害は人類の歴史始まって以来存在していると考えることができる。宗教は本来，人間の生きにくさや心の病に対処していこうという動機から生まれている。この点は欧米でも，日本でも同じである。病が癒えず，死の床にあって，この世との別れとあの世への旅立ちを最後に仲立ちするのが僧侶であった。僧侶の仕事は今日の心理療法家といっても差し支えないであろう。今日，臨床心理学の「臨床」の意味は，ギリシャ語でクリニコス klinikos からきている。クリネ kline は「床」という意味である。死の床にはべり，最後にこの世との別れの話を聞き，安らかな旅立ちをつかさどる仕事を称していた。このような考え方の時期は長く，近代の幕が開かれる 17, 8 世紀まで続いている。

　その後，近代の幕開けと同時に，心の問題は脳の問題に還元されて，さまざまな治療方法が試みられた。しかし，人の心の問題や悩みが解決したわけではなかった。これに対して，メスメル(Mesmer, F. A., 1734–1815)やシャルコー(Charcot, J. M., 1825–1893)の時代を経て，心理学が心理療法の中心的な考えになったのは，1900 年に出版されたフロイト(Freud, S.)の『夢判断』(日本語訳 1968)が出発点である。それは「無意識」の発見といってよい。勿論，これに先立つ長い歴史のあることは，エレンバーガー(Ellenberger, E.)著『無意識の発見』(1970, 日本語訳 1980)などをみるとよくわかるだろう。

　欧米においても，心理療法や臨床心理学の歴史は 100 年程である。これを長いと見るか，わずかな年月と見るかは人によって違う

だろう。人類の5万年の歴史からすると、大変短いということができよう。近代化以前から、心の問題への対処の方法はさまざまな形であった。西洋でも、東洋でも悪霊、つき物などと考えられてさまざまな治療的な対処がなされた。今日からみると、虐待と思えるような方法も少なくない。

　近代の歴史は理性への強い信頼、機械の発明、それに伴う実験的手法による生産性や確実性などが重視された。これを科学主義ということができる。この科学主義はさまざまな領域に影響を与えた。そして機械主義的な近代的世界をつくってきた。また、近代の戦争、ことに第一次世界大戦や第二次世界大戦は大量殺戮の武器や火器を発明し、そのために多くの犠牲者を生むことになった。多くの死者のみならず、傷病者や身体的な損傷を受けた人々や心に傷を受けた人々を多く生み出した。これに対して心理療法や心理的援助が求められ、心理療法家も増大していった。なかでも精神分析的な手法が多く用いられた。

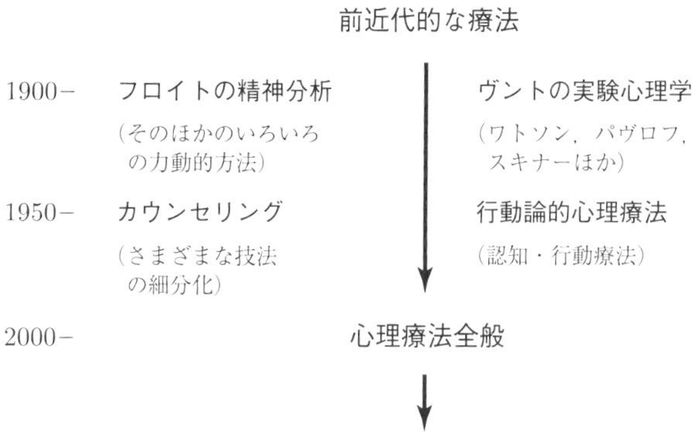

　　　　　　　　　　　　　前近代的な療法

1900−　フロイトの精神分析　　　　　ヴントの実験心理学
　　　　（そのほかのいろいろ　　　　（ワトソン、パヴロフ、
　　　　　の力動的方法）　　　　　　　スキナーほか）

1950−　カウンセリング　　　　　　　行動論的心理療法
　　　　（さまざまな技法　　　　　　（認知・行動療法）
　　　　　の細分化）

2000−　　　　　　　　心理療法全般

図1・1　力動的な心理療法と実験的な心理療法の2つの流れ

この間に，実験心理学から認知論や行動主義の研究が進み，心の問題への対処が進むようになった。主に第二次世界大戦後，つまり1950年代ごろから科学的操作主義的な立場を鮮明にして方法や技法を明確にし，対処法の効果を実証的に証明していくことによって技法を発展させてきた。これらは現代の大きな心理療法の2つの潮流となってきている。

(2) 日本の歴史

a. 輸入文化

日本においても，臨床心理学の歴史は多かれ少なかれ，欧米の歴史と同じである。日本の歴史が始まって以来，呪術師や祈祷師が存在していた。それらの目的は神とのとりなしや悪霊の穢れを祓うことによって，心の問題を解決しようとしていたといってよい。これらの手法は過去形で語られるのみならず，現在においても，日本の多くの場所で展開している治療法というか，対処法である。

近代的な心理療法は欧米からの輸入である。明治期に日本があらゆる近代的なものを欧米から輸入したように，近代的な心理療法も欧米からの輸入である。大正期には催眠法や精神分析に関する著書類は翻訳されて，一部好事家によって実践されていた。しかし，社会的に影響を与えるようになったのは，第二次世界大戦後，つまり1945年の日本の敗戦以降である。アメリカの圧倒的な影響で始まり，今日まで約60年の歴史であるといってよい。

b. アメリカの教育使節団

心理療法はアメリカとヨーロッパからの輸入である。敗戦後，アメリカの占領政策の一環として教育使節団がアメリカから日本に派遣された。アメリカの教育制度や教育内容に沿うように，日本の教

育制度は大きく変更され，六三三制の義務教育の制度や駅弁大学といわれた各都道府県を単位に大学が設置された。そして劇的に増大した大学教員の教育をアメリカからの援助で行った。大学では哲学の下にあった教育学を独立させ，教育学部として設置した。そこに教育心理学が置かれたのも，アメリカ的に実践的な教育学や心理学を目指していたからだと考えられる。心理学に関しては，大学教員を集めて臨床心理学など現場的，実践的な教育を大学教員に向けて行った。このような実践的な発想から，大学の中に教育心理学を母体とする臨床心理学が誕生する基盤ができたのである。

　大学教員の教育研修のために，臨床心理学関係では，アメリカから当時シカゴ大学のロジャース(Rogers, C. R.)やミシガン大学のボーディン(Bordin, E. S.)などがやってきて，実践的な心理学があることを教えた。また，大学内の学生相談活動 SPS(Student Personnel Service)などの専門的な援助者の養成をするための教育が行われた。まだ，大学院の学生であった筆者はこれらの講義を受けたりしたことがある。1948 年に少年法が施行され，家庭裁判所が設置された。これに伴って少年鑑別所が設置された。ここで非行少年たちの処遇のための心理的鑑別や社会調査を行う心理学や社会学の専門家として，臨床心理学を志向する若い心理学徒が，この世界に入っていった。これらの中の多くの人々が日本の臨床心理学を担った第一世代であるといってよいだろう。

c. 心理検査からカウンセリングへ

　初期の臨床心理学の経験や研究はアメリカからの輸入だった。ロールシャッハ・テストやそのほかの心理テストの習熟や日本人に関する資料の収集などが行われた。これは心理的鑑別の実践や研究であったといってよい。やがて，このような心理的鑑別診断のみでは，

直接的な支援という点でものたりないことが多くなり，心理学関係者の中で次第に治療教育的な関心が高まっていった。このようにして始まったカウンセリングの実践や研究は，日本の中に一種の心理学ブームを生んだのだった。中でもロジャースの理論を中心とした「来談者（クライエント）中心療法」Client-Centered Therapy のカウンセリングは，日本のカウンセリング運動の中心であった。友田不二男，佐治守夫，村瀬孝夫，伊東博，畠瀬稔，船岡三郎，村山正治といった人々が指導的な役割を担って活発に活動した。この運動に支えられて，教育相談などが活発になり，地方の教育委員会の下で，障害児の心理教育相談が行われた。その理論的な背景として「来談者中心療法」の考えが浸透していった。

臨床心理学の学習の困難さは，実践に裏打ちされた著書などを読み取るということである。翻訳本が次々と出版されていった。また，日本のいろいろの臨床の領域で経験が蓄積されていった。初期には教科書を頼りに，しかも外国の著書や翻訳書を頼りに臨床心理の経験を積んでいくものであったので，当時の臨床心理に携わる人々の苦労は並大抵ではなかった。それと同時に，多くの若い研究者がアメリカを中心に留学をしていった。筆者もそのような研究者のひとりであった。

外国で臨床心理学を学ぶということは，その土地に住む心理的な困難をもっている人に，不自由なことばで援助的なサーヴィスをすることが中心となっている研修カリキュラムを履修し，こなしていくことである。これは実験心理学の研究のための外国留学と違って大きな困難を伴うことであった。文化的な偏見や摩擦なども多く体験しながらの学習・研修である。しかも，臨床心理学の場合，短期でなく数年を要する長期の研修となる。というのは，クライエント

の問題は短期で，簡単に解消するということは少ないからである。

長期になると，日本でのそれまでの仕事を放棄しなければならないことも起こる。収入もなくなる。その中での教育・研修というのは，精神的な不安定さを含めて並たいていの苦労ではなかったと思われる。日本の臨床心理学の先人たちはそのような苦難を経て，日本へ実践的な臨床心理学を導入していった。このことは日本の臨床心理学の歴史として，読者も知っていて欲しい事柄である。

d. 日本心理臨床学会の創設

日本において素朴な形ではあったが，臨床心理学といえるような活動を行うようになったのは，1960年代に入ってからである。今日から見ると，まだ40年から50年の歴史でしかない。臨床心理の活動を可能にする実践の場がないなど，いろいろと社会的な問題があった。それにもかかわらず，臨床心理学を目指す若い心理学徒は爆発的に増大していった。若い心理学徒にとって心理学が直接に社会に役に立つという経験は大きな魅力であったと考えられる。1960年代から1970年代に盛んだった学生運動や社会運動では，象牙の塔的な心理学が批判された。一方，社会的な接点をもちながら，社会の支援を目指している臨床心理学に関しては一層の関心が高まっていった。

その嵐のような社会の動きの中で，1982年に日本心理臨床学会が創設された。学会の創設時の参加者は約1600名であった。学会創設当時は，日本に臨床心理学が導入されてからほぼ20年を経ていた。会員の臨床心理に関する経験がまだ豊かであるとは言えない状況ではあったが，この会員数は驚異的な大きさになった。2016年の今日，学会の創立から34年経って，38,800名を超えるものとなった。学会は18倍以上の会員を擁するものとなった。これは日

本の心理学関係の学会で最大のものである。臨床心理学が社会的に有用な支援の手段であることが認識され、社会的にも、心理学関係者にも深い関心を持たれるようになったということができる。悲願の国家資格「公認心理師法」が、2016年9月に成立、公布された。臨床心理学の社会的活動が国によって公認されたことになる。

1-2 臨床心理学の定義と独自性

臨床心理学の独自性を二つの観点から見てみたい。哲学でいう内包的定義と外延的定義を援用して述べてみたい。外延的定義とは、心理学以外の隣接科学とどのような位置を占めているか、独自性があるかという点からみる見方である。また、内包的定義とは、心理学内部においてどのような位置を占めているかということである。

(1) 外延的定義として

まず、わかりやすい外延的な定義から説明したい。心理学は多くの学問と接している。医学、物理学、生物学、動物学、社会学、教育学など近接の学問と心理学とを分けるものは何だろうか。それは領域として、心理的な現象を対象とする学問であるということになる。そして問題を追求する方法論として、状況や場面を統制する実験室を設定したり、研究手段を統一する操作方法を工夫したり、結果の処理方法として数学的・統計的な手法を用いることもあり、また哲学的な積み重ねをしていく学問もあるということができる。このように領域、方法で重複している部分は少なくない。これを図示したのが、図1・2である。

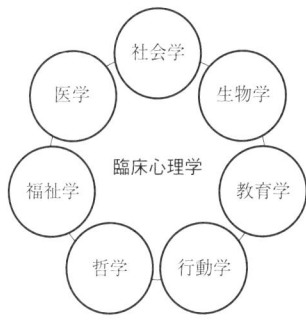

図1・2 臨床心理学の外延的定義

(2) 内包的定義として

　近代的な学問が生まれていく明治期における日本の大学の教育システムは主にドイツから輸入された。ドイツで心理学は哲学の一分野であった。これに対して心理学が科学の領域に属するという主張から，ヴント(Wundt, W.)らの「心理学実験室」の創設があった。この点については，歴史のところですでに述べた。これらが日本に輸入され，「心理学は科学であり，そのためには実験室が必要である」という主張は大きかった。科学的心理学とは，実験室における条件を統制した操作によって資料を収集し，それを数値によって表現し，同じ操作を加えれば同じ結果が得られるという再現可能性を重視するものである。したがって日本における心理学もまた，実験室志向のものとなっていった。この伝統は現在も生きている。この立場から現実問題に取り組む動きが出てきて，行動論的な臨床心理学となった。

　これに加えて，すでに述べたように，戦後アメリカからの輸入として，社会生活との接点を求めた実践的な教育心理学や臨床心理学が発展していった。これによって実験心理学的な臨床心理学と心理

力動的な臨床心理学の二つが並存することになったのである。これは現在も，実験的な志向の行動論的な臨床心理学と個別的・教育的な心理力動論的な臨床心理学とが並立しているかたちで日本の臨床心理学の歴史をつくってきている。

このように，心理療法や臨床心理学は大きく二つの流れをもっている。第1は心理力動論の立場であり，フロイトやユングに代表される方法・技法である。これに対して第2の立場は行動論・認知論を基礎とする認知・行動的心理療法という立場である。この点はすでに欧米の歴史(1)のところで述べた(図1・1を参照のこと)。最近，両者の間は，臨床という働き，つまり心理的援助の質を高めるため，協力していくということから歩み寄りも生まれている。そして現在，両者ともに研鑽と研究がなされているということができる。本書においても，この二つを統合するような立場で臨床心理学の解説をしていきたいと考えている。また，第3の流れとして，「集団」「家族」「地域」を対象とするものが，次第に大きなものとなってきている。

臨床心理学の領域は他の心理学と多くの部分で重なるが，もっと

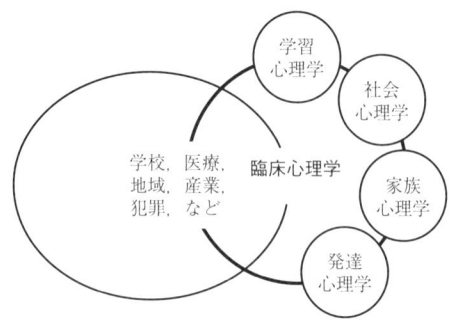

図1・3　臨床心理学の内包的定義

も重視される違いは前に述べたように、臨床心理学が社会との接点で心の援助活動を目指し、援助活動に参加する経験と観察を土台にして学問を形成しようとする点である。臨床心理学の「臨床」というのは、このような現実との接触や「かかわり」ということを意味している。研究の対象や状況などは他の心理学の領域と重なるが、現実問題とのかかわりという点で区別することができる。これを図示したのが、図1・3である。

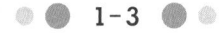

1-3
臨床心理学の領域と対象

(1) 臨床心理学の領域

臨床心理学は心理的な問題であれば、そのすべてを対象にするといってよい。日本の臨床心理学の草創期にあっては、少年非行や医学、なかんずく精神医学や小児医学などが中心であった。臨床心理学が次第に経験を積むと同時に、領域が広がっていった。現在では、医療の全般に広がり、終末医療やHIV/AIDSや遺伝子医療の心のケアの領域まで臨床心理士が活躍している。

また、阪神・淡路大震災の後の心のケア支援をきっかけに、災害被災者の心の支援や犯罪被害者の心の支援などに臨床心理学が大きな力を発揮するようになってきている。この点は第2章にも貴重な体験が述べられているので、参照していただきたい。このように日本の臨床心理学の60年近い困難な経験の蓄積と努力が今日の社会的な信頼を得るところまできたのであり、社会的な貢献を果たしているのである。この点で、現在の臨床心理学は人間の生活が営まれるところのすべての領域で、心の支援活動を行っているというこ

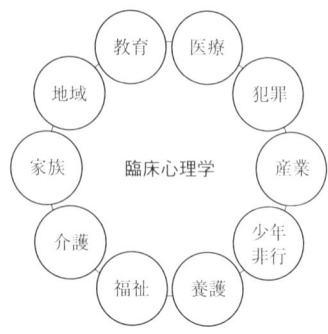

図 1・4　臨床心理学の領域

とができる。これを大まかに図示すると図 1・4 のようになる。

(2) 臨床心理学の対象

　臨床心理学のどのような領域でも、対象となるのは、個人である場合が多い。もちろん、方法として集団的な接近をする場合があるとしても、悩んだり、苦しんだりしているのは還元すると、個人である場合が多い。もちろん、後に家族療法のシステム論のような立場になると、家族という集団を対象にして積極的に扱うこともある。臨床心理学の対象を狭く古典的な意味で「異常心理学」の領域としてみておくことも必要である。むしろその観点は、臨床心理学の基本ないし、骨格といってもよいだろう。とくに、医療領域や教育領域のスクールカウンセラーや産業・企業に関係した臨床心理学の領域で仕事をすると、この点についての理解を欠かすことはできない。この点については、次のアセスメントの章でまとめて論じてあるので、参照していただきたい。

　ここでは展望的に、対象についての見方・考え方の 2 つの立場を述べておく。精神病理学的成因論的な考えと精神医学的診断マニ

ュアル(ICD や DSM)についてである。

(3) 精神病理の理解

ギリシャの古典的な類型的な理解，ガルの骨相的な類型的理解，イエンシュ(Jaensch, E. R.)，シュナイダー(Schneider, K.)などの類型的な理解，そしてヤスパース(Jaspers, K.)に始まる精神病理学的な理解が重要である。精神病理つまり心の問題は，物理学のように物質の変化について原因と結果という因果律に支配されているのでなく，観察者が感じて了解するという了解連関であるということは現在も重要な提言ではないだろうか。心の問題は私たちが気持ちを入れ込んで，つまり感情移入して初めて理解，了解することができるものである。

その点から心の問題を見ると，外的な力に支配されている状態や内的な不安に支配されている状態，長い生活が習慣化して歪んでいる状態，心がばらばらになり統一がない状態というようにみていくことができる。これを規準にして次のように範囲，つまり分類圏ないしレベルという考えでみてきたのが精神病理学である。これを表にすると**表 1・1** のようになる。

表 1・1 精神病理の状態

適 応 圏	普通の日常生活
不 適 応 圏	外的なストレスによって生活が困難になっている。うつ状態などが代表的な症状
神 経 症 圏	不安によって生活が困難になっている。神経症には強迫・不安・ヒステリーなどさまざまである。心理的援助が有効な問題群。
人格障害圏	生活の偏りが長い間続き，簡単に修正がきかない困難な状態になっている。他人を食い物にする行動，他人を支配する行動，もの・薬物に依存する行動(アルコール依存など)，犯罪行動の繰り返し，性的な迷惑行動の繰り返しなど。心理的援助でも簡単には変わらない。
精 神 病 圏	統合失調症，そううつ病など。

臨床心理学を学ぶものはこれらのことは知っておく必要がある。これらの見方は，これらのレベルや分類圏のどこに焦点を当てて問題に接近すればよいかについての理解を深める。レベルや分類圏によって援助の仕方が変わってくるのである。ここで言うレベルとは問題の重篤さの程度であり，また分類圏というのは範囲である。

さらに，DSM（米国精神医学会による Diagnostic Statistical Manual of Mental Disorder）や ICD（WHO による International Classification of Diseases）という精神病理の分類もある。これは研究者の間の共通言語を作っていこうということで生れてきたとらえ方である。共通言語になるには，状態が確かめられることが大事である。行動レベルの状態記述であれば，ずれることは少ない。このようにして作られた分類が DSM や ICD である。行動に注目することから，「行動論的」な問題のとらえ方ということになる。これはこれで重要である。ことに統計を取るような場合は，ズレが少なく正確にとりやすい。

それでは心理的援助という場合にはどうだろうか。このような状態像を中心とした見方やとらえ方は，後に説明する行動療法のような手法には適しているが，カウンセリングや力動的な心理療法などにはあまり向いていない。このようにみると，精神病理の理解と援助の方法がカウンセリングや力動的心理療法に向いているということがわかるだろう。この点についてはまた，後に触れる。

1-4
心理的援助の方法

これまでに述べたように臨床心理学が社会的に有効な手段として

1-4 心理的援助の方法

貢献できるには，援助の技法の進展や経験の蓄積があるということを理解しておく必要がある。援助の中心は心理療法である。前にも述べたように，心理療法は大きく分けて，心理力動的な立場からのカウンセリングやグループ・ワークと，もうひとつの認知・行動療法的な立場からの症状を除去する技法への貢献がある。このことについては本書においても，これから何度も触れることになるだろう。この両者は臨床心理学的な援助法として，それぞれに重要なものである。これまで心の問題や人生の意味や意義の問題は，お寺や教会において宗教者によって助けられていた。また新しく啓発学習などで援助活動がなされていた。さらに重症の精神的な症状で苦しんでいる人々に，精神医学が援助した。心理臨床家はその補助者 co-worker として援助活動をしていた。このように臨床心理学の技法は心の苦しみの問題に，いろいろな形で開発された技法によって援助的な活動をしているのである。

　なぜ，援助を必要とするような事態になってしまうのだろうか。なぜ，このような援助活動が重要だろうか。これらを理解するには，私たちひとりひとりの中に存在する衝動ないし欲動ということを理解しなければならないだろう。衝動や欲動には，例えば，心の深いところにあって気づくことができにくかったり，意識的な努力はしても簡単には処理しきれないような性の欲動，怒り，破壊性，自己顕示性，羨望，不安，さびしさ，虚しさなどがある。これらが私たちの心の中でさまざまな影響を及ぼし，また心の障害や苦しみをつくるのである。

　このようであるから，心の仕組みについての理解や支援の複雑な技法の学習も複雑で高度なものになってきている。大学院レベルでの研修のカリキュラムが必須の研修規準となってきているのは，こ

のように臨床心理学の領域の拡大にともなって，基本的な理論の理解や技法の開発とその学習・研修が欠かせないからである。これらのことについては，第2章と第3章に詳しく述べているので，参考にしていただきたい。

1-5 臨床心理学の教育と研修

　臨床心理学の教育・研修はカリキュラムによって規定されている。臨床心理学を学んだ第1世代の人々はまだ，カリキュラムがなかったので苦労が多かった。臨床心理学として何を学べば，実際に役にたつ心理臨床的援助ができるかがよくわからなかった。だから，苦労をしながら，時間をかけて学習をしていった。その中には，時間的な無駄や労力の無駄も少なくなかった。やがて学習として何を学ぶべきかが次第にはっきりして，今日のカリキュラムになってきたのである。

　後に第9章で述べるように，カリキュラムには基本的には3つの領域がある。第1は知的学習，第2は観察学習，第3は実地訓練とスーパーヴィジョンである。すでに，「はじめに」で述べたように，臨床心理学のような広い領域で，また複雑な心の働きの理解を進めるには，大学院までの教育と研修が必要であることを理解してもらいたいと考えている。このことを理解するには，教育・研修を考える際に，「自分が援助を受けるとすれば，どのような人に受けたいか」ということを考えたらよいと思う。例えば，若い駆け出しの医師に自分の病の治療を任せたいだろうか。医師の場合，教育・研修の最低の規準が決められているので安心感がある。臨床心

理学にも，この点で最低の教育・研修の規準が必要であり，それは大学院の研修が最低必要ということになるのではなかろうか。世界の国々で臨床心理の国家資格を出しているところでは，大学院での教育・研修を決めている。まだ，日本では心理臨床家の国家資格がないが，これからできるであろう国家資格は大学院レベルであることが要求されるだろう。

1-6 職業倫理の問題と倫理綱領

　専門職としての臨床心理士はクライエントのプライバシーに深くかかわることが多いので，職業倫理の問題は避けて通ることはできない。今日においても，医療における医師の医療過誤やその資料の隠蔽などがある。弁護士のさまざまな権力的な違法的行為などが起こっている。臨床心理活動に従事する心理臨床家もまた，倫理的な問題をひき起こす可能性については十分の注意をする必要がある。

　日本心理臨床学会など，関連する学会や臨床心理士の集まりである日本臨床心理士会は倫理綱領や倫理規定を制定し，会員がこれらの倫理的問題に注意しながら，仕事に従事することを義務としている。この道に進もうとする人々もこの職業倫理の問題に慎重に注意して生活することが求められている。以下に，日本心理臨床学会の倫理綱領と倫理規定の要点を示しておきたい。

　日本心理臨床学会が創立されると同時に，倫理綱領や規準の問題は論議をはじめられた。そして平成10年9月21日に制定された。倫理綱領は臨床心理学に携わる者が守らねばならない倫理原則である。つまり，臨床心理学に携わる者の憲法であるといってよい。こ

れに対して,倫理規準は,具体的に臨床心理学の現場で倫理的に注意すべきことを説明している。つまり,「六法」のような法律にあたる。したがって,倫理綱領や倫理規準は例外なしに,遵守すべきことがらなのである。

　倫理綱領の前文では,心理臨床学会会員は自らの専門的な臨床業務およびその研究が人々の生活に重大な影響を与えるものであるという社会的責任を自覚し,倫理綱領を守ることを義務づけている。全部で10条からなっている。以下に,第1条からみていきたい。なお,ここでは条文の2項以下は省いて説明をしているので,ぜひ原文も参照していただきたい。

第1条:会員は,自らの専門的業務の及ぼす結果に責任をもたねばならない。

　ここでは学会員の責任について述べている。

　会員は自分の専門的業務の結果に責任をもたねばならないこと,およびその仕事の中で,対象者の人権を尊重し,自分個人のため,組織のため,また政治的な目的に利用してはならないとしている。このことは当然のことのように思われるが,実際に人とかかわり始めると,いつの間にか人権を侵害したり,また組織のために利用したりする可能性があるので警戒する必要がある。実際に,日本でも専門家として訓練を受けて仕事をしている医師でも,また弁護士でも,この点で多くの問題を抱えていることをよく理解して,問題が起こらないように,倫理の問題をしっかり考えておく必要がある。

第2条:会員は訓練と経験によって的確と認められた技能によって,対象者に援助・介入をおこなうものである。

1-6 職業倫理の問題と倫理綱領

ここでは学会員の臨床心理的な技能について述べている。

学会員は「訓練と経験によって,的確と認められた技能」によって,援助活動をするということを規定している。「誰が的確と認めるか」ということは,学会の開かれた場で研究資料によって技能や技法の妥当性が検討されることが重要である。そして規定の中には,「技能を高度に保つために研修に努める」ことが重要と規定している。さらに,心理臨床に携わる人の能力や技法の限界があることも十分にわきまえておく必要がある。ただ,光の当たる部分のみでなく,陰の部分についてもよく理解しておく必要がある。

第3条:会員は対象者の人権に留意し,査定を強制し,若しくはその技法をみだりに使用し,又はその査定結果が誤用され,若しくは悪用されないように配慮を怠ってはならない。

ここでは学会員の査定技法について述べている。

査定には心理検査の道具が使われることが多い。クライエントの人権に注意し,侵入的に利用したり,必要がないのに実施したりするなどをしてはならない。また,出版などによって,商業ベースで利用するということをしてはならないということを規定している。心理検査は興味をひくものがあるので,査定目的以外に使われることがないように注意する必要がある。この点では,映画,漫画など映像として示したりするものに利用されることがこれまで何度かあった。そのような使用はこの倫理綱領に違反しているのである。一般の人は関心を得られれば,あるいは面白ければそれでよいと考えるかもしれない。しかし,心の微妙な働きをとらえるのは大変困難であることを自覚し,検査道具が正確に働くようにするのは,学会員の務めでもある。

第4条：会員は臨床業務を自らの専門能力の範囲内で行い，対象者が最善の専門的な援助を受けられるように常に努めなければならない。

ここでは学会員の援助・介入技法について述べている。

学会員は自分の専門的な能力の範囲で行い，クライエントが最善の専門的援助を受けられるようにすることが規定されている。心の問題は複雑で，解決困難なものも少なくない。その時，自分のもっている専門的な能力を超えるということもある。その際，専門的な能力の範囲を超えないということが大事である。自分の能力より高い専門家に紹介するか，専門的機関に紹介することで，クライエントが最善の援助を受けられるようにすべきである。この点でも，専門家としての研修を日常的に怠らないことが重要であることがわかる。また，専門家の私的な欲望や別の目的に利用しないことが規定されている。臨床心理の活動はクライエントの内的な世界，プライベートな世界を問題にすることが多いので，心理臨床家自身の内的な統制がないと，クライエントのプライバシーを侵害してしまうことが起こったりする。心理臨床家は専門関係以外の私的な関係を引き起こす可能性があることを自覚しておかねばならない。

第5条：会員は，臨床心理学に関する研究に際して，対象者の心身に不必要な負担を掛け，又は苦痛若しくは不利益をもたらすことを行ってはならない。

ここでは学会員の研究について述べている。

学会員は前に述べたように，研究を怠ってはならないが，同時に研究に際してクライエントや研究対象者に対して，心身に不必要な負担をかけてはならない。また，苦痛や不利益をもたらすことをし

てはならない。これに関連して被調査者やクライエントの秘密の保持には特に注意が必要である。臨床心理学の研究では，実験室的な研究や条件を統制する形で行われる場合，クライエントに十分に説明し，了解を得ることが必要であることを自覚しておかねばならない。研究の際には，その旨をクライエントや被調査者に対してはっきりと伝え，研究・調査の趣旨や協力についての同意をとっておく必要がある。この同意については，最近は文書を交換して，研究の目的や責任の所在を明確にするようになってきている。

第6条：会員は，臨床業務上知り得た事項に関しては，専門家としての判断の下に必要と認めた以外の内容を他に漏らしてはならない。

　ここでは学会員の秘密保持について述べている。

　学会員は専門的な活動で知りえたクライエントの事項などに関して，裁判などでの資料請求など，一定条件の場合以外には，他人に漏らしてはならない。事例研究や研修，また研究など，善意の活動の場合においても，個人の秘密が漏れるような扱いをしてはならない。心理臨床の活動の中核的な部分がクライエントとの面接であり，臨床面接は常にクライエントのプライベートな世界に関係している。したがって，プライバシーに配慮し，秘密保持の原則を遵守することが求められるのである。秘密保持の原則がなかったら，心理臨床の活動が成り立たないのである。この点で，最近みられるのは，学会員をやめたり，別な仕事を始めたりするとき，これまでの資料を不注意に研究物や記録などと一緒に廃棄してしまうということがある。この規定は学会員をやめても適用されることを知っていなければならない。

第7条：会員は，一般の人々に対して心理学的知識又は専門的意見を公開する場合には，公開者の権威又は公開内容について誇張がないようにし，公正を期さなければならない。

　ここでは学会員の専門的知識や臨床資料の公開について述べている。

　専門的知識や資料の公開にあたっては，プライバシーに注意することは言うまでもない。誇張や権威づけなど，公正さを欠くことのないようにすることが重要である。日本では現在，心理学ブームの傾向があり，商業ベースで心理学の資料が出版されたり，講習などが開かれたりして，心理学講師として招かれるということも少なくない。このようなときに資料の価値の誇張や権威づけなどが起こりやすい。これらは心理臨床の活動にとってまったく相容れない事柄であることを自覚しておく必要がある。

第8条：会員は，他の専門職の権利及び技術を尊重し，相互の連携に配慮するとともに，その業務遂行に支障を及ぼさないように心掛けなければならない。

　ここでは学会員の臨床心理学以外の専門職との関係を述べている。

　すでに定義のところで述べたように，臨床心理学は隣接分野に深くかかわっている。そして臨床的にはお互いに協力関係をもって活動していることが少なくない。このため，他の専門職の権利や技術を尊重し，お互いに連携をもつことが必須である。ここではクライエントのためのサーヴィスであることを目的とした活動に協力・連携するということを念頭に置くことが重要である。

第9条：会員は，対象者の記録を5年間保存しておかなければならない。

ここでは学会員の臨床心理の活動において残された記録について述べている。

　専門的活動の記録は，きっちり残さねばならない。記録によって心理臨床家の活動が妥当なものであることが証明されるからである。この記録は5年間保存することが規定されている。専門領域によって，過去の資料の取り扱いは違っている。保存を7年と規定しているところもあり，さらに長い年月を規定しているところもある。臨床活動が終わればすぐに廃棄してよいということにはならない。何年か後に，記録の内容が問題になるということは心理臨床の現場では少なくない。その時に，臨床記録が存在しないということは，責任のある臨床活動が行われたということを証明することができないからである。さらに，5年以上の臨床資料を廃棄する際，一般的にはシュレッダーによる裁断や焼却することが薦められる。

第10条：会員は，常時倫理綱領を十分に理解し，これに違反する
　　　　ことがないように常に注意しなければならない。

　ここでは学会員がこの綱領を遵守することを述べている。

　学会員がこれらの綱領を遵守するのは，義務である。つまり，これらの規定が守られない場合は，学会員は綱領に違反するということになり，会員資格を保持することが妥当であるかどうかが学会の内部機関の倫理委員会に問われることになるのである。このように，倫理綱領はたいへん厳しい規定である。専門職を維持することが重要であることに伴い，専門職の信頼性を揺るがしたり，妥当性を傷つけたり，クライエントの信頼を裏切ったりすることがないように，心理臨床家が自身で厳しく規制することを要請しているのである。これは臨床心理学が社会との接点で仕事をしていることの重要性を

示すものであるということもできる。(注)

◀まとめ▶
☐ 臨床心理学がどのように学問として発展してきたかについて理解を進めた。
☐ 臨床心理学の定義として，隣接の学問から見た外見的定義と同時に，心理学内部での位置づけとしての内包的定義が述べられた。
☐ 臨床心理学は特に社会との接点が多いということから，職業倫理が問題になった。

◀課題・問題▶
1. 臨床心理学の歴史的な発展の様子を考え，その特徴を考えてください。
2. 臨床心理学はほかの心理学とどのような点で大きく違っているかを考えてください。
3. 臨床心理学にはなぜ，職業倫理の綱領が必要なのでしょうか。

(注) 日本臨床心理学会倫理綱領(1982年制定)

2章

心理臨床面接の意義と機能

臨床心理学の実践が展開する場

◀キーワード▶
心理臨床面接，心理療法，初回面接，インテーク面接，診断・査定，査定面接，心理的援助面接，コンサルテーション

2-1
心理臨床面接の基本と共通点

　本章では，臨床心理学的実践で行われる専門的活動を，心理臨床面接(心理面接)という点からとらえる。心理臨床面接とは，心理学的援助を求める人と，援助を提供する臨床心理学の専門家が出会う場であり，臨床心理的援助が展開する場の中心に位置している。援助的な心理面接は，一般に心理療法(psychotherapy)と呼ばれる。そして心理療法の考え方の中にも，いろいろなものがあり，一つ一つが独自の理論と技法論を有している。第3章以降，心理療法のさまざまな学派について紹介するが，それらをなるべく臨床活動が展開する具体的状況に結びつけながら説明していくつもりである。

2-2
臨床心理学における面接

　臨床心理学の実践，すなわち心理臨床において，面接は特別な位置づけにある。形態や目的に違いはあるにしても，援助を求める人（クライエント）と，援助を提供する人（心理臨床家）の接触は，ほとんどの場合，面接を通して行われるからである。しかし，一般に面接といえば，入学や就職などの審査として行われる面談のことを言い，臨床心理学的な用法はどちらかというと特殊である。そこでまず，この語義について吟味しておきたい。

　日本語の「面接」，それに対応する英語の「interview」は，ともに，入学や就職の審査の意味で使われる。その点では，「判断のための情報収集」という要素が意味の中心にある。また日本語の面接が顔を合わせるという意味を喚起し，インタビューの語源であるフランス語の entrevoir が一瞥を意味するなど，対面状況も，両語に共通する意味といえる。こうしたことから，面接とは，一般的には「面接者が，他者（被面接者）の意見や信念に関する情報・表現を引き出すために，対面下で行う言語的なやり取り」と定義される（Wiens & Tindall, 1995）。

　ところで，「顔を合わせて言葉を交わす」という点では，会話（conversation）も同じである。そこで，会話との違いをみることで，面接の意味をはっきりさせることができるだろう。ワインズとティンドール（Wiens & Tindall, 1995）は，以下の3つの点で，面接は会話と異なるとしている。第一は，特定の目的に沿って，内容が方向づけられていること。第二に，参加する人の役割が規定されていること。第三に，指定された時間と場所で行われるという点である。

第一の点は重要である。会話は自然発生的に生じる言葉のやりとりを含むが，面接は常に特定の目的のもとで行われる。もちろん，実際の面接の中では，目的のはっきりしないとりとめもない会話が生じることがあるし，目的そのものを意識しない自由な発言によって進められる場合もある。しかし，面接という場そのものが設定されるには，何らかの目的があり，その点についての合意が前提となる。

第二に，面接という場合，参加者の役割はあらかじめ決められており，しかも通常その役割は非対称的である。会話においては，二者の役割は必ずしも分化していないが，面接の場合には，例えば，採用する者と採用されることを希望する者，相談を持ちかける者と相談を受ける者というように，役割が分かれている。会合(meeting)は目的を有する点で面接に似ているが，役割の分化という点で面接と違いがある。

さらに，目的を持って人為的に設定される面接の場合，それがいつどこで行われるのかは，普通，事前に参加者間で合意されている。まれに，予定されていない状況で，偶発的に設定されることがあるとしても，面接である以上，開始と終了は自覚的に設定される。

次に，心理臨床活動の中で用いられる面接の種類について触れておく。

2-3 心理臨床面接の種類

ひと口に面接といっても，目的に応じてさまざまな種類のものがある。ここでは，目的の違いを意識しながら面接の種類について触

れておきたい。

(1) 初回面接(initial interview)

まずはじめに挙げるのは，初回面接(初期面接，イニシャル・インタビュー)である。クライエントから援助の申し込みがあったとする。心理臨床家がまずしなければならないのは最初にそのクライエントから話を聞く面接の設定である。そこでクライエントが何を必要としているのかを聞くことになる。その最初の出会いが，初回面接である。我が国の心理臨床では，インテーク面接という言葉が，初回面接となかば同じ意味で頻繁に用いられる。インテークは受理を意味するので，個人というよりは組織や機関の活動のニュアンスが強い。

初回面接，あるいはインテーク面接においては，問題の聞き取りと評価が行われるので，それ自体が診断や査定といったプロセスを含んでいる。そこで得られた仮の理解をもとに，援助的なプロセスに入っていくのか，あるいは，査定のための面接をさらに続けて行うのかは，クライエントの期待や要求，心理臨床家の援助技法，相談機関の特性などによって異なってくる。

(2) 査定面接(interview for assessment)

査定面接，あるいは診断面接(diagnostic interview)は，心理臨床家がクライエントの問題の性質を理解し，さらにその問題がどのような背景から生じてきているのかを見きわめるために行われる面接のことをいう。診断は医学的な用語で，クライエントの病理性を医学的な面接から理解することをいう。心理臨床家に持ち込まれる問題は，クライエントと生活環境の相互作用に含まれる困難である場

合が多い。例えば，子どもの不登校に関する相談の場合，問題の背景には子ども自身の精神的な問題，母子関係や父子関係の問題，家族メンバー間の葛藤，教師とのかかわりやいじめの問題など，さまざまな要素が考えられる。しかも多くの場合それらが複合している。したがって，臨床心理学においては，医学的診断より広がりをもつ査定（assessment）という用語が用いられることが多い。

(3) 心理的援助面接 (therapeutic interview)

クライエントの求める問題の解決について心理学的な援助が役に立つと考えられる場合には，援助面接のプロセスに入っていく。心理学的な援助は，一般に心理療法（psychotherapy）と称される。それについてはさまざまな理論や技法があり，面接の進め方にもさまざまなものがある。本書の第3章以降において，これまでに発展してきたさまざまな心理療法の理論と技法を解説する。

(4) コンサルテーション (consultation)

コンサルテーションは，専門家の意見を求めるクライエントに，専門家としての意見や情報を提供する面接のことをいう。これには，2つの場合がある。第1に，問題を抱える本人ではなく，その人にかかわる専門家が，問題の理解と援助をより効果的に行うために，別の専門家から助言を受ける場合。第2に，問題を抱える本人やその家族が，専門家の意見を求めてやってくる場合。第2の場合，その内容は初回面接で行うこととほぼ同じであり，実際に初回面接のことをコンサルテーションと呼ぶこともある。

2-4
心理臨床面接の援助的性質

　このように，心理面接といっても，目的に応じてさまざまな種類があることがわかるだろう。その中でも特に臨床心理学ならではの独自性を持つのは，査定面接と心理的援助面接である。

　特に，臨床心理学においては，面接そのものが援助の最大の手段と考えられている。この点は，医学における面接と対比させてみるのがわかりやすい。

　まず，医療においては，診察によって症状を「診断」する。診断の流れとしては，「症状」「訴え」の聞きとり，「身体機能」「生理的変化」の検査，「病の原因」（ウイルス，細菌，生理的・組織的変性，外傷など）の特定，と進んでいく。そしてこの診断に基づいて，治療が行われる。つまり薬を飲むとか，手術をするとか，赤外線をあてるといった，具体的な処置が施される。しかし，臨床心理学の援助においては，基本的には面接，クライエントとの話し合いが続けられる。つまり，目的を持った会話の積み重ねが援助の手段なのである。

　次に，臨床心理学では面接が援助手段なので，その相互交流のあり方に，細心の注意を払う。言葉はその交流を支える重要な媒介であり，言葉の交流のあり方が検討すべき最重要事項となる。しかし，面接で起こる相互交流は，言葉によるものだけではない。非言語的なコミュニケーションや身体感覚，自覚されていない無意識の情報処理など，さまざまな次元で起こる交流が面接を構成する重要な要素であると考えられている。

　さらに，心理臨床面接，特に自己理解を目指す心理力動的な心理

療法の面接においては，問題理解，つまり査定的な側面と，問題解決，つまり援助的な側面が同時並行的に進んでいくという特徴がある。心理面接においては，問題の本質を理解するというプロセスそのもののなかに，援助的な変化を引き起こす側面があり，また援助的な変化の中で問題の本質がより理解されるという側面がある。

以上の点を，念頭に置きながら，以下の章で述べるさまざまな学派の考え方を理解してほしい。

◀ ま と め ▶
- 面接は，臨床心理学の実践が行われる場であり，実践のための基本的な手段である。
- 心理臨床面接には，初回面接，査定面接，心理的援助面接，コンサルテーションなどがある。

◀ より進んだ学習のための読書案内 ▶
シンガー／鑪幹八郎(他訳) (1976). 心理療法の鍵概念　誠信書房
　　心理的援助面接が，クライエントの問題を理解していくプロセスそのものであるという点が，心理療法の原理の説明のもとで明確に述べられている。

◀ 課題・問題 ▶
1. 面接と会話の違いを説明せよ。
2. 医療と対比して，心理臨床面接の特徴を述べよ。

3章

精神分析

心理療法の源流

【キーワード】

ヒステリー,催眠,浄化法,神経症,本能(欲動),力動論,エディプス・コンプレックス,葛藤,防衛機制,前意識,無意識,構造論,自我,イド,超自我,リビドー,幼児性欲,口唇期,肛門期,男根期,潜伏期,性器段階,自由連想法,解釈,抵抗,転移,ワーク・スルー,分析心理学

3-1
精神分析

20世紀は,心理療法の発展と分化の時代であった。一説によると1980年代には,心理療法の種類は300種類を越すとも言われていた。統合の動きが徐々に始まったとささやかれながら,現在もさまざまな学派,流派,理論,技法がひしめき合う状況に変わりはない。しかし,この分化,発展の歴史をさかのぼっていくと,ひとつの源流につきあたる。それが精神分析である。

精神分析は,19世紀から20世紀への変わり目に,ウィーンの精

神科医フロイト(Freud, S.)によって，神経症を治癒するための技術として発案された。それはやがて，ただ精神疾患の治療技法であることにとどまらず，広く人間の心のしくみを照らし出し，人間理解のひとつの大きな柱となった。そして，その後展開していく心理療法の源流に位置し，現在も心理療法の新しい発想を生み出す源としての役割を担い続けている。

3-2 精神分析の成立

　フロイトが最も創造的な仕事に没頭し，精神分析という革新的な考え方と技法を創始したのは，いまからおよそ100年前，20世紀を迎えようとするウィーンであった。精神科医であった彼は，催眠法，催眠浄化法といった技法を用いながら，ヒステリーと呼ばれる精神疾患の治療に携わっていた。ヒステリーとは，「器質的病変の認められない機能障害」と定義される(Breuer & Freud, 1895)。身体的には何の病変もない，つまり何らかの心理的な要因で，けいれん発作，視野狭窄，失声，失歩，失立といった身体症状が出現する疾患である。

　ヒステリーをはじめとして，心理的な葛藤によって生みだされるさまざまな精神の病は，一般に神経症と呼ばれている。フロイトははじめ，神経症の発症と，忘却されている性的外傷体験の関連に注目した(Gay, 1988)。ヒステリー患者との面接を続けていくと，多くの患者がなんらかの性的外傷を報告したからである。しかし，やがて彼は，患者が体験したとされる外傷よりも，そうした外傷の体験が患者の空想によって作られることがあること，しかも空想が現

3-2 精神分析の成立

実と同じように病因としての力を持つという点に関心を向けていった。そして，この空想を生み出す心のメカニズムを，研究の対象にしていったのである。

フロイトが空想の影響力に関心を持つようになった，もう一つの道筋が彼自身の自己分析であった。19世紀の末，クライエントの語る話の分析を行う一方で，彼は自分自身の夢を書きため，その象徴的な意味を解読することに精力を傾けた。この分析の過程を通して，彼は，自分自身が忘却していた両親に対する幼少期の複雑な思いを想起するようになる。それは異性の親に対する性的願望と同性の親に対する敵意と処罰の恐れという複雑な心の複合体(コンプレックス)である。彼はそれを，ギリシャ悲劇の「エディプス王」の物語になぞらえ，エディプス・コンプレックス(Oedipus complex)と命名した。フロイトはエディプス・コンプレックスを生みだすものとして，異性の親に対する幼児の性的願望を重視し，その背後にある生物学的な本能(欲動)を基礎とする心理学理論を構築していった。

フロイトは，自分が着想したエディプス・コンプレックスが，神経症の根本にあるという精神病理学理論を展開する。子どもがうまくエディプス葛藤を乗り越えるためには，同性の親に対する理想化が起こる必要がある。つまり，「いつかは，そうした親のようになりたい」と思うことで，その時点では異性の親の占有をあきらめることができる。しかし，子どもがこの葛藤に耐えられず，葛藤そのものを抑圧してしまうとか，さらに幼児的な状態に退行し，それに固着してしまうと，それが神経症を生みだす原因になるとフロイトは考えたのである(Freud, 1924)。

抑圧し忘却された葛藤は無意識の中にとどまり，自覚されないま

ま人間の精神生活に影響を与え,神経症を生み出す。したがって,その治療にあたっては,抑圧された葛藤を再び意識に浮上させ,自覚させる必要がある。そこで,精神分析的治療の目標は,現在まで持ち越されている葛藤の源を洞察させ,それから脱却させることに置かれた。そのために開発された技法が自由連想法である。

フロイトのこうした病理理解は,さまざまな問いに発展していった。エディプス・コンプレックスが生まれる背後にはどのような心のエネルギーが関係しているのか。子どもの発達の中でその質はどのように変化していくのか。そして,精神活動の中でどのような変容をこうむるのか。本能を変容させ修正を加えていく心の構造とはどのようなものか。神経症の治療から発せられた問いは,人間の精神活動全体について考えていくことにつながり,包括的,体系的な理論が構築されていった。次にその一端を紹介しておきたい。

3-3
フロイトの心理学体系

フロイトの心理学体系は,力動論,局所論,エネルギー経済論,発生論,構造論,適応論などと呼ばれる,いくつかの観点を含む複合的な理論体系である(Rapaport & Gill, 1959)。以下それらについて簡単に触れておこう。

(1) 力動論(dynamic point of view)

力動論は,心の中に強さと方向性をもつさまざまな心理学的な力が存在し,それらがぶつかり合いながら,心理的な現象を生み出すという仮定である。性的な衝動と道徳的な禁止の葛藤を神経症の原

因とみなしたフロイト理論の中心にある観点である。また存在する諸力は必ずしも意識されないということ、つまり無意識の影響力があるという精神分析的な考え方を代表する観点でもある。

(2) 局所論 (topographical point of view)

局所論は、意識の場を一つの空間、あるいは場所としてとらえようとした見方である。我々が普段、自分の心と呼ぶものは、自分で意識し自覚されるものを指している。しかし、我々の精神活動には意識的に自覚できない部分があって、それがさまざまな精神活動や行動に影響を与えている。フロイトはこの意識されない部分を、さらに前意識 (preconscious) と無意識 (unconscious) とに分けた。無意識は、本人には自覚できない闇の部分であるが、前意識は、普段は気づきにくいが、意識の周辺にあって、それに注意を集中するとか、それに気づこうと試みるならば気づくことができる領域である。こうした意識の場を空間的にイメージしたとき、意識の領域はあたかも海面に顔を出す氷山の一角であり、海面下には、意識されない無意識の領域が広がっているようなものとしてとらえられる。

(3) エネルギー経済論 (economical point of view)

エネルギー経済論は、人間の心の働きや行動の原動力として本能的なエネルギーを仮定し、その量や質の変換という視点から心のあり方をとらえる見方である。フロイトは性衝動のエネルギーを重視し、リビドーと呼んだ。このエネルギーは、イド、自我、および超自我に充当されることで、さまざまな精神活動を推進する力になるとされた。イドに充当されると、より原始的な欲動が優勢になり、衝動に駆り立てられるかたちなる。自我に充当されれば、現実的、

適応的な行動が優勢になり，超自我に配分されれば，道徳的な批判性が高まるといった具合である。

(4) 発生論 (genetic point of view)

発生論は，乳児の段階から成人の段階に向けての発達に関する仮説である。ここでもフロイトが注目しているのは，性的な欲動の働きである。人間は思春期にいたって，性器を用いた性的活動を志向するようになり，その段階をフロイトは性器段階 (genital phase) と呼んだ。

しかしフロイトは，性器段階にいたる前にも，人間には連続した性の発達の道筋があると考えた。彼はそれを幼児性欲と呼び，その発達の最初の3段階，口唇期 (oral phase)，肛門期 (anal phase)，男根期 (phallic phase) に注目した。各段階は，その時期に性愛的な「快」を司るとされる身体的部位に基づいて命名されている。口唇期では活動の中心が口に置かれ，吸うことや噛むといった口唇部位の活動を軸に，性愛性が組織化される。肛門期では関心の的が肛門部位に移り，トイレット・トレーニングのように，排せつ物を保持したり排出したりすることが，快の源として重要になる。そして3歳頃から男女ともにそれぞれの性別の認識がはじまり，性器に対する関心が高まってくる。この時期が先に述べたエディプス葛藤を経験する時期になる。なお，男根期が終わる5，6歳頃から，第二次性徴が始まる思春期までの間，性愛性の発達は一時期不活発になる。フロイトはこの時期を潜伏期 (latent phase) と呼んだ。

(5) 構造論 (structural point of view)

構造論は，人間の心が，異なる役割を担ういくつかの機構によっ

て構成され，一つの構造をもつという見方である。その機構として，フロイトは，イド(id)，自我(ego)，超自我(superego)という3つを考えた。イドは最も原始的な部分で，本能的な欲求を生み出すところ，自我は現実への適応を目指して，さまざまな調節活動を担うところ，そして超自我は両親のしつけが内面化されたものに由来し，道徳的判断を行うところである。人間の性格は，こうした機構間のバランスによって変わってくると考えられる。

(6) 適応論(adjustment point of view)

適応論は，どちらかというとフロイトの死後，フロイトの娘アンナ・フロイト(Freud, A.)やハルトマン(Hartmann, H.)といった後継者によって発展した観点である。人間の精神活動には，外的な現実に対処し，環境に適応していく力がある。現実への適応を司るのは自我である。自我は自分を守りながら，現実と妥協したりして，現実に適応していく。不適応や問題行動はこの自我の機能や自我を守る防衛機構がうまく働いていないためと考えられるようになった。そこで精神分析において，自我機能を高めることに注意が払われることになる。自我構造論を背景として，このような考えを基軸とした精神分析理論は，自我心理学(ego psychology)と呼ばれるようになる。

3-4 精神分析の面接

ここまでフロイトの精神分析について，主に彼の心理学理論を紹介してきた。そこで次に，より技法的な側面に視点を移し，精神分

析の面接がどのように行われるのかみていくことにする。

(1) 自由連想法(free association)**と解釈**(interpretation)

　精神分析における面接場面は，自由連想という基本手続きに集約される。フロイトは，クライエントがよりリラックスした状態になるよう，寝椅子に横たわった姿勢で連想をさせ，真正面から顔を向き合わせないように，クライエントの背後に分析家が座るという配置を考え出した(Freud, 1900)。

　自由連想では，クライエントが自発的に発言することが最も重要である。分析家の側は，クライエントができる限り自発的であろうとすることを保障しようとする。したがって，分析家は，クライエントの語る内容に対して，道徳的，社会的通念に基づいた判断を示すような発言は控え，なるべく中立的に耳を傾けるようにする。

　このように，クライエントが自由に連想し，その内容に分析家が耳を傾ける中で，分析家の側からクライエントに対して行う言語的な介入のことを解釈と呼ぶ。もともと解釈という用語は，夢の分析における，解読を指すために用いられたが，徐々に分析家からクライエントに対して投げかけられる言語的介入全般を指すようになる。フロイトは，精神分析が催眠の暗示のようなものだという批判を避けるために，変化要因の中から解釈以外の影響力を極力排除し，解釈によってもたらされる洞察のみが，精神分析の正統な変化要因であると主張した。

　初期のフロイトの精神分析では，抑圧された無意識の葛藤，特に空想や願望に焦点が当てられ，それをクライエントに伝えるということが中心に行われていた。しかし，精神分析の関心が，自我の活動に移っていくにつれ，解釈が扱う内容は直接の無意識の内容より

も，抑圧をはじめとする，自我の防衛機制に向けられるようになっていった。

　一般に防衛機制を用いること自体は，誰にでも見られることであり，特に病理を意味するものではない。しかし，特定の防衛機制に過度に頼りすぎると，非適応的な対処の仕方が恒常的になり，それが性格の歪みにつながると考えられる。精神分析の関心が，そうした自我の防衛のあり方に注目するようになるにつれ，解釈の内容は，クライエントがどのような防衛機制を働かせているのかに向けられるようになった。例えば，自由連想の中での，クライエントの言いよどみや，話題の急な転換が生じたとき，分析家は，クライエントが避けようとした話の内容ではなく，どのように話を避けようとしたのかに注目し，それをクライエントに伝えていく。これが防衛解釈と呼ばれる。このように解釈を通じて，クライエントが徐々にそうした防衛をゆるめ，自ら無意識の内容に近づいていくように手助けするというのが分析家の役割であると考えられるようになった。

(2) 抵抗(resistance)と転移(transference)

　精神分析の実践の中で，無意識に抑圧された内容を意識に浮上させ，クライエントに自覚させるという目標は，そう簡単に達成されるわけではない。特に，クライエントの連想が重要な無意識の内容に近づき始めると，クライエントは連想を続けることに抵抗を示すようになる。その仕方はさまざまであり，話題を変えたり，話をそらしたりといった微妙なものから，面接のキャンセルや遅刻など，はっきりとした行動に表れるものもある。

　抵抗が生じる背景にはいろいろあるが，基本的には無意識的な内容を自覚する準備が十分でなく，意識化することが不安を生むとい

うことが考えられる(Freud, 1926)。面接を有効に進めるために，抵抗を除去しなければならない。そのために用いる技法はやはり解釈であり，分析家はクライエントに対して，クライエントのうちに生じている抵抗が非合理的であることを何とか理解させるように努める。

こうした抵抗に加えて，クライエントは分析家に対して，さまざまな非合理的な期待をもったり，現実の分析家とは違った歪んだ印象を抱いたりする。例えば，分析家のことを非常にすぐれた人間であると思いこみ，その分析家から褒められることを執拗に求めたり，逆に，分析家のことを冷淡で残酷な人間であると感じ，敵対的な態度を示したりする。こうした現象が起こっているとき，フロイトはクライエントが過去に重要な他者に向けた態度や感情を，現在の面接者に対して移しかえて体験しているのだと考え，それを転移(transference)と呼ぶようになった(Freud, 1912)。

転移は抵抗としての一面をもっており，それによって面接の進展が阻まれる場合もある。特に，分析家に向けられた否定的な感情は，面接関係にとって重要な協力関係を崩す要因になりかねない。しかし，その一方で，こうした感情を面接場面で生々しく体験することは，過去の人間関係で起こっていたことに気がつくための助けとなる面があることにフロイトは気がついていった。この発想の転換を経る中で，転移とその分析は，精神分析にとって最も重要な要素の一つで，他の心理療法と精神分析を区別する要素であると考えられるようになっていった。つまり，抑圧された過去を思い出すとか，無自覚であった自己の一面を自覚するという目標は，分析家との人間関係の体験をくぐり抜ける中で達成されるものと認識されるようになったのである。

精神分析が創始された当初は，無意識が洞察されればそれによって変化が生じると考えられたが，徐々に一度洞察が起こっても，再びそれは抑圧されて変化が生じないことがわかってきた。一回洞察された内容を，さまざまな角度から味わいなおし，葛藤の性質を何度も繰り返し見つめ直すことが，変化にとって必要であると考えられるようになったからである。こうした繰り返しの作業を，フロイトはワーク・スルー(work through)と呼んだ(Freud, 1914)。

自由連想にあらわれる微妙な感情の動きを捉え，洞察された内容を何度も再吟味していくため，精神分析は，時間をかけてじっくりと進行する面接の過程である。フロイトの時代には週に5日面接を行うことが標準であり，現在でも週4日以上の面接をもって精神分析と呼んでいる訓練機関が多い。実際に面接が続けられる期間も長く，1, 2年で終結することはまれである。

こうした長期間にわたり週に何回も面接を重ねていく精神分析の過程を進めていくためには，分析家の側にはさまざまな能力が要求されることになる。転移の現れ方は，通常，それほど目立つものではなく，クライエントの感情は非常に微妙で，とらえにくい仕方で表現されることが多い。したがって，分析家はクライエントの微妙な感情の動きを敏感に察知し，適切なタイミングで解釈を与えていかなくてはならない。

また転移を向けられる状況の中で，密度の濃いかかわりを続けていくと分析家の側にも，クライエントに対してさまざまな思いが生じてくる。フロイトはそれを逆転移(counter-transference)として概念化し，面接の進展を阻害する分析家の側の反応として警戒を呼びかけた(Freud, 1910)。そして，精神分析家を養成するトレーニングにおいて，将来分析家になろうとする人自身が精神分析を受け

ることが重要であると考えるようになった。この個人分析(personal anal-ysis)を訓練の要件に入れることは，現在においても分析家の養成研究所で実施されており，それが精神分析が他の心理療法から区別される大きな特色の一つとなっている。

3-5 おわりに

　面接の頻度，面接の期間，面接者になるための訓練，いずれをとってみても，精神分析は骨の折れる心理療法であることは疑いがない。この骨の折れる仕事を，なんとか簡便に，そして応用範囲を広くできないかという工夫が，心理療法発展のひとつの原動力になったとすらいえるかもしれない。寝椅子を用いず対面で，週1～2回の頻度で面接する精神分析的心理療法やカウンセリング，多数のクライエントと同時に会う集団心理療法，家族関係に働きかけるために合同の面接をもつ家族療法，子どもを対象とするために遊びを用いる遊戯療法など，フロイトの方法においてもれ落ちているものを拾い上げれば，それが新しい心理療法となる。

　面接技法の面だけでなく，フロイトによる理論も，その後多くの修正が試みられた。初期にフロイトと袂を分かったユング(Jung, C. G.)は，性欲を中心としたフロイトの理論を否定し，独自の分析心理学(Analytical psychology)を構築した。彼は，夢や神話の象徴に関心を寄せ，個人の無意識を超え，あらゆる人間や民族に共通する普遍的無意識(collective unconscious)を想定するようになった。やはり初期にフロイトから離れたアドラー(Adler, A.)も，フロイトの性欲説を修正し，権力への意志や，他者より優越したいという欲求

を，個人の動機の中心に据えた。彼の一派は，個人心理学と呼ばれている。同じ精神分析という枠にとどまりながらも，次の4章で述べるように，さまざまな理論的な修正が試みられている。

　このように，技法面でも理論面でも，さまざまな異なる立場が生み出され，それがもとで場合によってはグループ間の対立すら生じてきた。しかし，その多様化の道を別の角度から見れば，技法と理論の豊富化に他ならない。その豊富な知識と仮説が生み出されていくスタートラインに，精神分析の面接技法は位置づけられる。そこから得られる人間理解が心についての貴重な知識を提供してきたことは間違いないし，新たな心理療法生み出す母体としての役割は今後も続くであろう。

◀まとめ▶
☐ 諸心理療法の源流に位置する精神分析は，無意識の世界も含む人間心理に関する体系的知識をもたらした。
☐ フロイトの心理学体系には，力動論，局所論，エネルギー経済論，発生論，構造論，適応論などの観点が含まれている。
☐ 自由連想法を用いる精神分析の面接では，解釈によってクライエントの無意識を意識化することが目指される。

◀より進んだ学習のための読書案内▶
ピーター・ゲイ／鈴木　晶(訳) (1997, 2004). フロイト1・2　みすず書房
　　☞ 無味乾燥なフロイト理論の要約を読むよりも，精神分析が生み出される経緯を人間的なプロセスとして理解する方が，精神分析の本質に近づける。

◀課題・問題▶

1. フロイトの心理学体系がもつ代表的な観点,力動的な観点について説明せよ。
2. 精神分析の面接を特徴づける転移の概念について簡単に説明せよ。
3. 思いつくままに自分の考えを誰かに話すということを想定して自由連想を試してみよう。そのとき,何が自由に思いつくことを難しくさせているのか考えてみよう。

4章

発達論的な精神分析理論と心理面接

理論的分岐と面接スタンスの多様化

◀キーワード▶
個体発達分化説(エピジェネシス),アイデンティティ,ライフサイクル,心理・社会的危機,ホールディング,ほどよい母親,移行対象,自己心理学,自己対象,鏡映,理想化,共感,変容性内在化,対人関係論,不安,安全保障の操作,選択的非注意,パラタクシックな歪み,詳細な質問,参与観察

　精神分析はフロイトによって創始されたが,その後さまざまな精神分析家が,フロイトの説を修正,拡張,付加することによって,理論としても技法としても多様性をもつようになってきている。本章ではそうした理論の拡張が,精神分析の面接技法にどのような修正を加えてきたかについて考えてみたい。もちろん精神分析の歴史上特筆すべき理論のすべてをここで網羅することは不可能である。幾人かの理論家を選び出して,かいつまんだ説明を加えるくらいしかできない。ただ,ここで選択した理論には一つの共通する要素がある。それは,どの理論も人間の発達ということに着目し,その発達という現象が持つ性質を理論化し,それを精神分析の考え方に反

映させているという点である。ここではそうした視点を踏まえて、発達論的な精神分析理論というひとつのくくりの中で、これらをみていきたいと思う。

4-1 エリクソンの個体発達分化論

エリクソン(Erikson, E. H.)は、デンマーク人の両親のもと、ドイツで生まれ育てられた。ウィーンで新しい教育方法を取り入れた学校を手伝う中で、精神分析に興味を持ち、アンナ・フロイトの個人分析を受けることになる。同時にフロイトを中心とした当時の精神分析家のサークルにも加わり、ハルトマンら、自我心理学的な精神分析の流れの影響を受けることになる。1933年ナチスの迫害から逃れるためアメリカ合衆国に亡命する。そこで彼は精神分析家として受け入れられるとともに、心理学者や文化人類学者との接触を持ち、学際的な研究に携わることになる。文化人類学者と共同で行なったアメリカ先住民の調査研究は有名である。その研究では特に子どもの遊びに着目し、それが『幼児期と社会』(Erikson, 1950)としてまとめられた。この最初の著作の中で、彼は、個体発達分化説の大枠を提示している。

エリクソンの人格発達論は、生まれてから死に至るまでの一生のプロセスを追い、同時に人間の実存を規定する生物的、心理的、社会的次元を全て視野に収めようとする包括的理論である。そもそも個体発達分化説(エピジェネシス；epigenesis)とは、生物学から借りてきた概念であり、器官の形成が段階ごとに次々と形作られていくという発生観のことを言う。エリクソンはこの同じ原理が人間の

4-1 エリクソンの個体発達分化論

出生後の精神的な発達のプロセスにおいても同様の形で起こると考えた。

彼の発達論はフロイトの心理性的な発達論に対応している。すなわち，口唇期，肛門期，男根期というフロイトのリビドー発達理論に依拠したかたちで，彼の個体発達分化説のステップを述べている。しかし彼は単にフロイトの発達論を踏襲するだけでなく，そこに重要な理論的な展開を追加している。

例えば，フロイトが口唇期段階の中で注目するのは，乳児が口唇部位によって性愛的な快感を得るという点である。しかしエリクソンは，それだけでなく，口によって栄養物を取り入れ，自分の中に取り込んでいくという身体機能の様態を強調した。しかも，その身体機能の様態は，口唇部位という一部分にとどまらず，さまざまな身体器官においても認められる。例えば，目は見るという取り込み方を，耳はきくという取り込み方を，手はつかむという取り込み方をする。このように，取り込むという機能は，身体の一器官に限定されない，環境に対する個体の対処様式と考えられる。そしてこの対処様式は，母親をはじめとする周囲の人々とのかかわりの中で活用される。人から与えられ，それを自分のものとして取り入れるということは，人間関係の重要な要素のひとつである。この関係の様式をエリクソンは社会的様態と呼び，適応的な自我の機能と関連づけたのである。

乳児期の次にくる，幼児期初期においては，取り入れたものの保持と排泄という機能が器官様式としてあり，それは内側に保持する，そして，手放すという二つの機能の対としてとらえられた。さらにその器官様式は他者との関係の中で，何かを与える，また自分のものとして保持しておくといった社会的様態につなげられる。

フロイトがエディプス葛藤の生じる時期として重視した男根期を，エリクソンは自発性を発達させる重要な時期と考えた。子どもは自分自身の性器に対する関心を持つだけでなく，それを巡ってさまざまな空想を発達させる。この空想の積極性がエリクソンの言う自発性であり，同時にこれに対して抑制がかかると，自らの空想に対して罪悪感を感じ抑制的な性格になると考えた。

この時期はまた男性・女性という性による性格の分化が起こる時期であり，男性はより積極的，侵入的な態度を，女性はより包含的，受容的態度を強調する面が表れてくる。そうした性別に関連した，それぞれの典型的な行動様式は，子どもが発達させる自発性の現れであるとエリクソンは考えている。

第4段階の学童期は，フロイトによれば性愛の発達が一時的に停滞する時期，あるいは潜伏する時期と考えられている。エリクソンはその間に子どもがさまざまな技能の習得に励み，技術的な面での学習と発達が飛躍的に起こると考えた。この時期はまさに子どもが学校に上がる時期であり，子どもたちは学業場面でさまざまな技術や知識の習得に励むのである。

やがて学童期が終わりに近づくと，身体的な成熟，第二次性徴の発現が起こり，青年期が始まる。エリクソンの理論の中で，この青年期は特別な意味を持っている。すなわち学童期までに形成されてきたさまざまな人格の資質が，自分らしさという点で再編成され，さらにそれが自分の生きる時代と社会の中での位置づけを見出し直すことを通して，やがて成人期になって自立していく自己同一性の基礎になると考えたのである。

エリクソンが活躍した1960，70年代はアメリカにおいても学生運動が活発な時期であり，社会体制に対して異議申し立てをする当

4-1 エリクソンの個体発達分化論

時の青年たちのあり方と，同一性を問い直す動揺の中にある青年期の印象がエリクソンの中で統合されていると考えられている。エリクソンの個体発達分化説は，青年期の後，前成人期，成人期，老年期と進んでいく。フロイトが性器段階をもって発達についての考察を終えたのと対照的に，彼は，老いて死ぬまでのライフサイクル全体に関心を払い続けたのである。彼の理論はその意味で，生涯発達論の先導的役割を果たしたといえる。

エリクソンは各発達段階の特徴を，表4・1のようにまとめている。この表には各発達段階ごとに，A心理・性的な段階と様式，B心理・社会的危機，C重要な関係の範囲，D基本的強さ，E中核的病理と基本的な不協和傾向，F関連する社会秩序の原理，G統合的儀式化，H儀式主義という合計8つの面での特徴が並べられている。中でも特に重要なのは心理・社会的危機であるが，これは各時期に達成されるかどうかが重要な課題となる一連の葛藤である。

このように段階ごとに課題を持った発達理論は精神分析の面接のあり方にどのような影響を与えるであろうか。エリクソン自身は，精神分析の技法に関して特別な修正変更を加えるような試みは行なっていない。しかしながらエリクソンの発達論をふまえてみたときに，クライエントが示す問題性，あるいは病理性というものについての捉えかたは，明らかにフロイトの考え方と異なってくる面がある。すなわち神経症の背後にある心理性的な問題，特に性的な問題によって抑圧されているエディプス・コンプレックスという考え方に加えて，エリクソンは各発達段階の中で達成されなくてはならない危機の統合，そこで得られる自我の強さ，特質の観点からその問題を眺めるのである。

4章　発達論的な精神分析理論と心理面接

表 4・1　漸成発達の各発達段階

発達段階	A 心理・性的な段階と様式	B 心理・社会的危機	C 重要な関係の範囲	D 基本的強さ	E 中核的病理基本的な不協和傾向	F 関連する社会秩序の原理	G 統合的儀式化	H 儀式主義
I. 乳児期	口唇―呼吸器的，感覚―筋肉運動的（取り入れ的）	基本的信頼 対 基本的不信	母親的人物	希望	引きこもり	宇宙的秩序	ヌミノース的	偶像崇拝
II. 幼児期初期	肛門―尿道的，筋肉的（把持―排泄的）	自律性 対 恥，疑惑	親的人物	意志	強迫	「法と秩序」	分別的（裁判的）	法律至上主義
III. 遊戯期	幼児―性器的，移動的（侵入的，包含的）	自主性 対 罪悪感	基本家族	目的	制止	理想の原型	演劇的	道徳主義
IV. 学童期	「潜伏期」	勤勉性 対 劣等感	「近隣」，学校	適格	不活発	技術的秩序	形式的	形式主義
V. 青年期	思春期	同一性 対 同一性の混乱	仲間集団と外集団：リーダーシップの諸モデル	忠誠	役割拒否	イデオロギー的世界観	イデオロギー的	トータリズム
VI. 前成人期	性器期	親密性 対 孤立	友情，性愛，競争，協力の関係におけるパートナー	愛	排他性	協力と競争のパターン	提携的	エリート意識
VII. 成人期	(子孫を生み出す)	生殖性 対 停滞性	(分担する)労働と(共有する)家庭	世話	拒否性	教育と伝統の思潮	世代継承的	権威至上主義
VIII. 老年期	(感性的モードの普遍化)	統合 対 絶望	「人類」「私の種族」	英知	侮蔑	英知	哲学的	ドグマティズム

出典）エリクソン，E. H. 1989『ライフサイクル，その完結』みすず書房，p. 34より

4-2
ウィニコットの発達促進的な環境論

英国の精神分析学者ウィニコット(Winnicott, D. W.)は，小児科医としての勤務経験が長く，それが彼の理論形成に影響を与えたと言われている。彼の理論的な立場は，独立(中間)派と呼ばれる。それは，アンナ・フロイト派とクライン派という二派に分裂した当時の英国分析協会の状況と関連がある。アンナ・フロイトの自我心理学は個人の適応的な自我の発達を中心にみるのに対し，クラインは乳児の精神内界に存在する幻想的な対象関係に注目する。ウィニコットは，一方で，クラインに影響を受け，内的な幻想世界に関心を払いつつ，一方では母親という外界の存在との相互作用を重視し，現実への適応も視野に入れた理論化を試みている。

ウィニコットは，乳児は決して単独では存在せず，常に母親に抱かれた形で存在するという点を強調する。乳児の精神発達の背後には，必ずその発達を促進する母親の働きかけがある。このような母親のあり方を，ウィニコットは発達促進的環境(facilitating environment)と名づけた(Winnicott, 1965)。

そもそも母親は子どもを体に宿した段階から，原初の母性的没頭(primary maternal preoccupation)と呼ばれる子どもと一体化するような状態になる。母親の関心は外的な出来事から退き，乳児に対する関心によって心が占められるようになる。そして，乳児の必要とするものを，必要とする時に供給する，といった役割を引き受けることになる。このように乳児を世話する母親のかかわりを，ウィニコットはホールディング(holding)と呼んでいる。そこで発揮される母親の機能は，環境としての母親と呼ばれ，本能的な欲求の対

象となる母親，すなわち対象としての母親と区別される。

　乳児にとって，早すぎる分離の意識，あるいは自分という個への気づきは外傷的になるとウィニコットは考える。母親のホールディングによって，乳児はある種の錯覚を維持することができ，外界との分離に気がつかずに済むのである。しかし，母親があまりにも完全に乳児の要求を満たし続けると，乳児は自分の欲求をリアルに感じる機会を失うことになる。母親は，早すぎる分離からも，遅すぎる分離からも，子どもを保護する必要がある。こうした早すぎもせず遅すぎもしない母親のあり方を，ウィニコットはほどよい母親 (good enough mother)と呼んでいる。

　このような母子のほどよい分離の中で，乳児は自分が発見すると同時に，自分が想像する対象によって慰められることができるようになる。乳児によって発見され，想像される対象をウィニコットは移行対象(transitional object)とよび，またこうした現象のことを移行現象(transitional phenomena)と呼んでいる。移行対象の例としてウィニコットは，指吸いの親指のことを述べている。この親指は外的事物であると同時に，乳児の想像の世界では，自分を慰める対象ともなる(Winnicott, 1971)。

　それでは，ウィニコットの発達論は，精神分析的な心理面接のあり方にどのような影響を及ぼしたのだろうか。ひとつには，彼の理論を通して，クライエントに対する精神分析家の役割は，子どもに対する母親の役割になぞられるかたちで眺められるようになった。つまり，分析家は，発達促進的な環境，クライエントをホールディングする存在と考えられるようになった(Winnicott, 1986)。彼の考える面接者の機能は，さまざまな分析家の態度に影響を与えている。

4-3
コフートの自己心理学

　アメリカの精神分析家であるコフート(Kohut, H.)は，もともとは古典的精神分析理論に立脚する中心的な存在であった。彼の理論はフロイトに始まる自我・超自我・イドという人格の構造論から離れ，表象としての自己を軸に展開される。特に，病理とみなされがちであった自己愛に，子どもの発達に必要な健康な側面があることを認めた。彼はこの健康な自己愛の発達にとって，養育者からの共感的なかかわりが必要不可欠であると考えた(Kohut, 1971, 1977)。

　コフートは，子どもにとっての養育的他者，つまり親を自己対象(self-object)と呼ぶ。自己対象とは，主観的に自己の一部として体験される他者を意味している。この自己対象とのかかわりの中で，子どもは二つのタイプの関係性を希求するとコフートは考える。

　ひとつは，自分の能力を表現し，それについて養育者から賞賛を受けるという関係である。この親からの賞賛は鏡映(mirroring)(映し返し，映し出しとも訳される)と呼ばれ，鏡映を求める子どもの欲求は，子どもの健康な全能感や誇大感の表れであるとコフートは考えた。二つ目は，子どもによる親の理想化(idealization)である。子どもにとって，自分の両親のうちの少なくともどちらか一方を理想化して，理想化された自己対象との融合感を体験することが，発達上重要な意味を持つという。

　適切な環境の下でも，子どもの賞賛を求める欲求を，養育者がすべて満たすわけではない。むしろこの経験によって，はじめ誇大的であった自己イメージは，徐々に複雑で柔軟なものへと変化していく。賞賛されなかったり，共感的とはいえない対応を受けたりする

ことを現実的に受け入れるなかで，自己の誇大感は薄れ，また共感的な自己対象との関係が少しずつ内在化されていくのである。そのような過程をコフートは変容性内在化(transmuting internalization)と命名した。

上に述べた二つの関係は，子どもの健康な自己感覚，つまりまとまりのある自己の感覚や，健康な自己主張，野心といったものを発達させ，健全な理想像や価値観の取り入れを促進するとコフートは考えた。逆にそれらが欠けると，安定した自尊感情を持つことができず，自己愛的な精神病理が準備されることになる。例えば，成長してからも，自尊心を満たすために，賞賛を与え続けてくれるような自己対象を求め続けるということが起こってくる。

コフートの自己の発達理論は，面接技法にどのような影響を与えるのであろうか。ウィニコット同様コフートも，発達早期の親のかかわりを重視しており，クライエントに対する面接者の役割は，子どもに対する親の役割になぞらえて捉えられる。

まず精神分析的な心理療法が目指す目標であるが，病理を自己発達の阻害ととらえるわけであるから，当然面接の目標は，面接者の共感(empathy)によって，阻害されていた自己の発達が再開することに置かれる。面接者の姿勢としては，古典的な分析家に比べてもっと気楽かつ自然体で，情緒的な温かみをもって接することが強調される。

クライエントの面接者に対する転移的な関係は，子どもと親との関係と同じく，鏡映つまり賞賛を求める関係，そして面接者を理想化しようとする関係としてみなされる。コフートはこうした転移を自己愛転移と呼び，特に前者を鏡転移，後者を理想化転移と呼んでいる。そしてこれらの転移に関しては，解釈によってそれらの意味

を理解させ，転移を解消することを急ぎすぎず，その関係をじっくりと維持しながら，クライエントが必要とするものが得られることが重要であると考えられている。

4-4 サリヴァンの対人関係論

アメリカの精神科医サリヴァン(Sullivan, H. S.)は，フロイトの精神分析がアメリカに紹介され始めたころから精神分析に関心を寄せ，特に1930年代ごろから，青年期の精神病的な障害の心理療法にうちこんだ。次第に，彼自身の思索を発展させ，独自の対人関係論を展開していった(Sullivan, 1953)。

サリヴァンの対人関係論は，他の精神分析の考え方に比較すると，経験論的な色彩を強くもっている。フロイトは，エディプス・コンプレックスを人類が普遍的に持つ原幻想であると考えていた。それに対してサリヴァンは，人間の精神は，言語を有する文化的ネットワークに参画することを通して形成されると考える。つまり，生まれてから後の，対人的な経験を必ず経るのである。そして，その経験の違いは，精神の内容物を異なったものにする。サリヴァンの考えに従えば，エディプス・コンプレックスが重要な意味を持つのかどうかは，個人の経験，そして個人を取り巻く家族のあり方，そして文化的環境の違いによって左右されるということになる

サリヴァンはさまざまな病理の発生に，不安という体験がかかわっていることを強調する。この不安の概念も，サリヴァンとフロイトでは異なってくる。フロイトの不安概念が個人の精神内界の現象としてとらえられるのに対して，サリヴァンの場合は，不安は基本

的に母親など重要な他者との関係で経験するものだと考えた。自分にとって重要な他者から，愛情や是認が得られないときに，体験される感覚である。さらに，幼い乳児の段階では，母親が感じている不安が，子どもに伝達されるという。

この不安を避けるために自己が作り出すさまざまな回避の操作のことを，サリヴァンは安全保障の操作(security operation)と呼んだ。代表的なものは，不安を喚起する事象を意識野からはずす選択的非注意(selective inattention)である。こうした操作が定着し，本来不安を喚起しないはずの相手に対しても，こうした操作を用いるようになる。言い換えると，重要な他者との間で繰り返された対人関係の安全保障の操作が，さまざまな人間関係の中で無差別に用いられるようになるわけである。この対人関係の歪みをサリヴァンは，パラタクシックな歪み(parataxic distortion)と呼んでいる。この歪みが，精神病理を発生させる源であると彼は考えるのである。

サリヴァンは，こうした人格理論，病理理論を展開すると同時に，発達論にも言及する。サリヴァンの提唱する発達論では，乳児期(infancy)，小児期(childhood)，少年期(juvenile era)，前青年期(preadolescence)，青年期初期(early adolescence)，青年期後期(late adolescence)あたりまでを扱っている。特に年齢の幼い，最初の段階において，養育者との間で体験する不安は，後の精神病理に重要な意味を持つと考えられている。

サリヴァンは，この発達段階とは別に，しかしある程度それとの関連性を含みながら，人間の体験の様式の発達を3つの段階に分け，それぞれに彼独自の用語をあてはめている。第一段階が，プロトタクシック(prototaxic)，第二段階がパラタクシック(parataxic)，第三段階がシンタクシック(syntaxic)な段階と呼ばれる。

プロトタクシックな段階とは，構造や秩序をもたずに，感覚経験がただ押し寄せては通り過ぎていくといった，最も原始的な体験の様式である。サリヴァンはこれをもっとも早期の乳児の体験様式であると考えた。徐々に発達が進み，言語の獲得が進んでいくと，子どもは子どもなりに，さまざまな体験を相互に関連づけ，なんらかの法則を適用できるような構造をもったものとして体験するようになる。しかし，その法則性は，他者と共有されずに，その子ども独自の偏りを含んでいる。この段階の体験様式が，パラタクシックな段階である。さらに発達が進むと，子どもは言語を使って他者と体験を共有し，自己の体験の妥当性を確認できるようになる。彼はそれを合意による確認(consensual validation)と呼んだ。これがそれまでに獲得された対人パターンの歪みを修正する役割を果たすと考えた。特に，前青年期に，同性の親しい友人(チャム)との間でもたれる共同的な親密さの体験は，その極みとされる。こうした体験が可能になる段階が，シンタクシックな段階である。

それでは，サリヴァンの対人関係論においては，どのような面接的なスタンスがとられるのであろう。彼の実際の面接に際しての考え方は，『精神医学的面接』(Sullivan, 1954)の中に収められている。その中でサリヴァンは，クライエントと出会う最初の瞬間から，徐々にクライエントの輪郭を把握し，やがて彼の体験する重要な他者との関係の世界を理解していく道筋を指し示している。

中立的な観察者の立場を重視したフロイトの考えとは異なり，サリヴァンは，面接場面を対人関係の場の一つとしてとらえ，面接者が取る役割を，参与観察(participant observation)と定義した。彼は参与観察に，①クライエントとの対人関係に巻き込まれることが不可避であること，②面接者の人格そのものを観察道具として使う

こと，③面接は面接者・被面接者間の場(situation)に生起する過程であり，またその過程の変化であること，の3点を含めている。クライエントが発言することは，面接者とのいま・ここでの相互作用に向けられたもので，同時にそれに影響されたものでもある。したがって心理臨床家は，面接状況で，自分が参与していることの意味を認識していなくてはならない。つまり，クライエントの体験プロセスだけでなく，自分自身の体験プロセスも認識していなくてはならない(Evans Ⅲ, 1996)。

サリヴァンにとって面接とは，クライエントが直面している対人関係の困難を，クライエント自身に自覚させていくこととほぼ同義である。自己から解離した状態で起こっているために，それは困難を生じさせるのであり，その解離した部分を自己体験に収めなおすことができれば，困難は軽減されると考えるのである。

無自覚に起こっていることを理解させるための道具は，詳細な質問(detailed inquiry)である。詳細な質問とは，サリヴァンによると，「他人の生活と問題について長い時間をかけて聞いていくこと」であり，「無限ともいえる多様さを持つ微細さと複雑さ」があるという。それは結局のところクライエントの人生体験が面接者と共有され，合意による確認が蓄積されていくプロセスと考えることもできる。

しかし，質問することはクライエントの不安を喚起する作業であることもサリヴァンは十分に自覚していた。サリヴァンは，面接者が常にクライエントの感じている不安のレベルに，最大限の注意を払うことを推奨している。サリヴァン派の面接の中で，特に焦点を当てる内容は何かというと，発達の過程で起こった重要な他者との体験である。しかし，発達のどの時期に焦点を当てるかという点で

は，特定の時期を指定しない。幼児期の体験は重要であるが，対人関係上の体験は，幼児期に終わるのではなく，生涯にわたって起こり続けるからである。

◖ま と め◗
❏ 発達理論を組み込んださまざまな精神分析の理論が生まれ，面接のあり方に影響を与えた。
❏ エリクソンは，人間の生涯発達を個体発達分化説(エピジェネシス)の観点からとらえ，発達課題を踏まえた問題理解の道を開いた。
❏ ウィニコットは，発達促進的環境として機能する母親の役割を重視し，面接の中でクライエントをホールディングすることの重要性を指摘した。
❏ コフートは，健康な自己愛の発達に必要な要素として，鏡映と理想化に注目し，面接者が共感的にかかわり，クライエントの理想化を許容することの重要性を指摘した。
❏ サリヴァンは，発達の過程で生じるさまざまな対人関係の重要性を指摘し，面接を参与観察の場ととらえ，詳細な質問，合意による確認といったプロセスを強調した。

◖より進んだ学習のための読書案内◗
グリーンバーグ・ミッチェル／横井公一(監訳)(2001)．精神分析理論の展開　ミネルヴァ書房
　　☞細かく分岐した精神分析の諸理論を体系的に比較・吟味した著作として，これ以上の労作はみあたらない。

◖課題・問題◗
1．発達論的な観点をもつ精神分析理論は，どれも関係という要素に注目しているが，そのことを各理論に即して述べよ。
2．自分が生まれてから現在に至るまでに体験したことで，今の自分のあり方に影響を与えたものは何か考えてみよう。

5章

クライエント中心療法

人間性心理学の流れから生まれた非指示的カウンセリング

◀キーワード▶

クライエント中心,人間性心理学,クライエント,カウンセリング,実現傾向,自己概念,自己経験,無条件の肯定的関心,共感的理解,自己一致,受容,感情の反射,感情の明確化,非指示的リード,非指示的カウンセリング

　さまざまな心理療法を分類するなかで,ロジャーズが提唱したクライエント中心療法の位置づけは微妙である。精神分析的な心理療法と,この後に述べる行動論的な心理療法という二つの大きな流れのなかで,クライエント中心療法は,そのどちらにも属さない第三の流れ,人間性心理学の一つとして登場した。しかし,ある種の人格理論の仮説を持って,対話的な交流の中で,クライエントに気づきを促すという点では,精神分析的な心理療法と共通項を持っている。ここではそのような観点から,クライエント中心療法の面接のあり方について紹介する。

5-1 ロジャーズについて

　ロジャーズ(Rogers, C.)はアメリカを代表する臨床心理学者の一人である。1902年にシカゴ近郊の熱心なプロテスタントの家族に生まれ，本人も学生時代キリスト教の活動に従事し，また神学の大学院に入るなど宗教に関心を持っていた。しかし，特定の宗派に対する関心を失い，ニューヨークのコロンビア大学教育学部に転学し，臨床心理学と教育学を学び始める。その間，児童相談所などで非行少年の相談にあたり，既存の理論が役に立たないと感じ，彼独自の理論を構築しはじめる。最初の著作『カウンセリングとサイコセラピー』(Rogers, 1942)は1942年に発表され，その約10年後に『クライエント中心療法』(Rogers, 1951)が公刊される。その間オハイオ大学専任教授，シカゴ大学のカウンセリング・センター，ウィスコンシン大学で教鞭をとった。また，1946年から1947年にかけて，アメリカ心理学会の会長を務めている。晩年は，カリフォルニア州の人間研究センターに身をおき，エンカウンター・グループの研究や実践，教育，人種，国際紛争など社会的な問題について積極的な発言を行った。

5-2 クライエント中心療法

　クライエント中心療法のクライエント(client)という言葉は，もともと顧客，依頼者を意味するが，ロジャーズが相談にやってくる心理療法の対象者を呼ぶ名称として使い始めた。彼は，心理療法の

対象となる人が、積極的かつ意図的に面接に参加する主体であることが重要であると考えた。面接関係において参加者は平等であり、一方が病んだ人、面接を受ける受身的な存在というわけではないことを強調したのである。日本の臨床心理学では、ロジャーズの理論が広く受け入れられた経緯もあり、心理臨床の対象者の呼称として、このクライエントという言葉が定着している。

クライエント中心療法では、クライエントが経験していることをクライエント自身が理解し、有意義な生き方を自らが発展させようとすることが重視される。人間は本来、自分の内側に、何が自分を不安にさせているのかに気づき、より積極的な生き方を模索し、可能性を実現していく力があるとロジャーズは考える。この力を、ロジャーズは、実現傾向(actualizing tendency)と呼んだ。

ロジャーズは、人間が持つさまざまな動機の中でも、実現傾向こそがもっとも基礎的な動機であると考えた。ロジャーズの見解によると、人間は生まれた時点では、実現の方向へ向かうよう方向づけられている。人間は基本的には、積極的、前進的であり、適切な条件が与えられれば、潜在的な可能性を最大限に発達させようとする。もちろん成長の具体的な現れ方は、個人によって異なっている。それは個人に与えられたさまざまな条件が作用するからである。しかし、それはどれも、実現傾向という動機によって生み出されるものと考えられている。

面接者が心がけることは、クライエントがなるべく自分自身をありのままに表現できるよう、暖かく受容的な態度を維持することである。助言したり、叱咤激励するのではなく、クライエントの内的体験を理解し、問題を克服しようとするクライエントの努力を、誠実に受容することが面接者の仕事であるとロジャーズは考える。

5-3
自己および自己実現

　実現傾向の考え方をより具体的に展開させる上で，ロジャーズは，独自の人格理論を発展させ，特にその中で自己(self)という概念を重視した。人間は，成長の中で，さまざまな経験をもち，その経験が構造化されるにつれて，経験の一部が自己として発達してくる。経験の構造化が進む中で，一般的な実現傾向は，特に自己の実現化というかたちであらわれるようになる。

　ロジャーズは，このプロセスを子どもの発達と対照させながら論じている。生まれてすぐの新生児は，すでにさまざまな内的な経験をもつが，この段階では，経験は感覚と知覚の未分化な全体であると考えられる。しかし，実現傾向が生態の維持と，潜在能力の向上を促すなかで，やがて重要な他者との対人的な相互作用が生まれてくる。この相互作用を通して，新生児が体験するさまざまな感覚や知覚のうち，「私(I, me, myself)」と結びついたものが，自己として分化してくる。例えば，乳児が持つ特定の筋肉運動的感覚は，「自分がする」ということと結び付けられ，乳児を見つめる他者のまなざしや，抱き上げる他者の腕は，「私が見つめられる」「私が持ち上げられる」という感覚として組織化されていくであろう。このような過程を経ながら，子どもの中には，「私」と称されるものの体験が蓄積され，それが自己概念(self concept)を構成するようになる。

　周囲からの価値観を取り入れると，それにそったかたちで考え，感じ，行為する自分のみを尊重するようになる。逆に，そこから外れる考え，感情，行為は，自分のものとして受容することができず，

自己概念から排除されるとロジャーズは考えた。ここで自己経験と自己概念の間にずれが生じてくる。ある経験は、自己実現にとって役に立つ重要な経験であるにもかかわらず、自己概念から排除される。また、もともと自己経験には含まれていないが、他者から押し付けられ、取り入れてしまった部分が、自己概念の一部を構成することになるのである。

5-4 クライエント中心療法の面接

それでは、以上のような自己論を背景にして、クライエント中心療法では、面接者はどのようにクライエントに接するのであろう。

すでに述べたとおり、ロジャーズは、人間の基本的動機として実現傾向を仮定した。この実現傾向が活性化され、自己経験と自己概念がより一致した状態に近づき、自己実現が達成されることが心理療法の目的となる。そして、その目標を達成させる推進力は、クライエント自身が持つ実現傾向であるとロジャーズは考える。したがって、面接者に求められるのは、クライエントの中の実現傾向を活性化させていくような面接態度で、クライエントに向き合うことだという。この面接者がとるべき基本的な態度を、ロジャーズは心理療法の三原則と呼んだ。それは、無条件の肯定的関心、共感的理解、そして自己一致の三つである。

(1) 無条件の肯定的関心 (unconditional positive regard)

面接者に求められる第一の基本的な態度は、無条件の肯定的関心である。すでに述べたとおり、人間が自己の経験を否定せず、自己

一致した状態になるためには，他者から無条件の肯定的関心が払われる必要がある。面接場面では，面接者がこの無条件の肯定的な関心をクライエントに対して示すことにより，クライエントがより自らの経験に開かれていくようになる。無条件の肯定的な関心は，クライエントの感情や行動について，特定のものだけを肯定するのではなく，クライエントを価値のある存在として，人間対人間の形でかかわることを意味する。こうした態度は，受容(acceptance)という言葉に置き換えることもできる。

(2) 共感的な理解(empathic understanding)

　第二の基本的な態度は，共感的な理解である。ロジャーズはこれを現象学的なアプローチとして論じている。面接者はクライエントの主観的な世界に入り込んで，その中でクライエントが経験していることを感じ取ろうとする。それは感覚，知覚，意味，記憶，そしてそれらに付着する情動的な要素など，すべての経験を含み込むものである。それは，自分が「あたかもそのひとであるかのような」状態といえる。しかし同時に，この「あたかも」という性質が失われないことも重要である。例えば，面接者は，クライエントが感じているであろう怒りや恐怖を感じ取るが，そうした強い感情に巻き込まれて，自分を見失ってはならない。面接者なりの視点を維持しながら，面接者としての立場を貫くことができなければ，ただ感情に流されるだけでクライエントを援助することができなくなるからである。

(3) 自己一致(congruence)

　第三に挙げられる自己一致は，すでに述べてきた自己経験と自己

概念の一致した状態のことをいう。クライエントに向き合うとき，面接者の自己の経験は正確に面接者自身に感じ取られ，それが排除されることなく，面接者の自己概念に包含されていることが望まれる。そのような状態にあるとき，面接者は自分を守ろうとする防衛的な構えがなく，自分のありのままの姿でそこにおり，統合性をもった安定した存在としてクライエントに接することができる。クライエントに伝える言葉は，面接者の真実(real)で純粋(genuine)な経験に裏打ちされている必要がある。また，面接の場で経験している感情を否定することなく，ときにはそれをオープンに表現するといった自己開示が求められるとロジャーズは考えたのである。

以上の三つの基本的態度はどれもが重要であるが，共感的理解や受容が可能になるためにも，自己一致の要素は不可欠であると考えられている。仮に，面接者が共感的で，受容的な態度を示していたとしても，それが見せかけの態度にすぎなければ，真実の共感や受容にはならないからである。また，クライエントの内的体験をくみ取るには，面接者自身が自らの自己経験に開かれていなければならない。こうした観点から，ロジャーズは，面接場面では，自己一致の要素が最も基礎的な条件になると指摘している。

5-5 ロジャーズと日本の心理臨床

ロジャーズの考え方は，日本の臨床心理学に大きな影響を与え，とくに教育分野にかかわる相談活動に取り入れられていった。実践場面では，面接者の応答の仕方のいくつかが，面接の応答技法として整理され教えられている。応答技法としては，例えば，次のよう

なものがあげられている(田畑, 1982)。

① 簡単な受容(simple acceptance)：相づちやうなづき
② 感情の反射(reflection of feeling)：クライエントの語りや非言語行動から明らかな感情を，言葉にして伝え返すこと
③ 内容または問題の繰り返し(restatement of content or problem)：クライエントの言葉をおうむ返しのように繰り返すこと
④ 感情の明確化(clarification of feeling)：意識しているがはっきりと表明できないクライエントの感情を感じ取り，言葉で伝え返すこと
⑤ 非指示的リード(nondirective leads and questions)：さらなる説明や叙述を求めること

こうした応答技法のうち，特に受容，反射，繰り返しが，ロジャーズ流のカウンセリングを特徴づけるものとして受け取られ，普及していった面がある。また，ロジャーズが初期に，忠告や助言を与えないという面接者の姿勢を強調したため，彼の心理療法は非指示的(non-directive)技法として広められていった。

5-6
精神分析的心理療法との比較

すでに述べた精神分析的な心理療法と比較したとき，ロジャーズの自己論は根幹の部分で精神分析と大きな共通点がある。どちらも意識されていない心の部分があることを前提に，それを意識に取り戻すことが心理療法の役割として設定されている。フロイトの抑圧

された無意識の欲求，空想，記憶，観念という考え方，サリヴァンの選択的非注意，あるいは解離された自己部分という考え方，そしてロジャーズの自己概念に含まれない自己経験という考え方は，どれもそれぞれの形で無意識というものを想定し，それが病理と健康を左右する重要な要因であるという考え方で一致している。

　こうした共通項は見出せる一方，精神分析的なアプローチと大きく異なる面もある。例えば，精神分析的面接が何らかの形で転移(transference)の現象を扱うのに対して，ロジャーズはその必要性はないと主張する。転移は，クライエントの過去の経験，空想，願望が，面接者との関係の中で再現される現象で，精神分析においては，それは面接に抗する厄介な部分であると同時に，うまく扱えばクライエントの自己理解を拡大させる重要な素材になると考えられている。しかし，ロジャーズは転移という現象に特別な位置づけは与えない。クライエントは，面接のなかでさまざまな感情を経験する。それには，肯定的な感情もあれば，否定的な感情もあり，また過去の経験に基づく情動的反応が含まれる場合もある。しかし，そのうちのどれかに特別な注意を払う必要はなく，面接者が，自己一致，受容，共感をすることができるならば，転移を含むいかなる感情も，いずれはクライエントが受けとめることができるようになるとロジャーズは考えている。

◀まとめ▶
❏ロジャーズは，人間には積極的，前進的に自己を実現しようとする傾向が備わっていると考えた。しかし，他者との相互作用のなかで自己経験と自己概念の不一致が生じると，この実現傾向は阻害されるとした。
❏人間本来の実現傾向を促進するために，面接者がとるべき基本的態

度として，ロジャーズは，無条件の肯定的関心，共感的理解，自己一致の三つを挙げ，これらを心理療法の三原則と呼んだ。
❑ ロジャーズの考え方は，日本の臨床心理学に大きな影響を与え，受容，反射，繰り返しといった応答技法が普及した。

◀より進んだ学習のための読書案内▶

カーシェンバーム・ヘンダーソン(編)／伊東　博・村山正治(訳)
　(2001)．ロジャーズ選集上・下　誠信書房
　　　ロジャーズの著作を読もうと思えば岩崎学術出版社の全集があるが，比較的最近，重要論文をまとめた選集が出ており，初学者にとってはこちらの方がありがたい。

◀課題・問題▶

1. ロジャーズが心理療法の三原則として挙げた基本的態度のうち，自己一致が最も重要な要素であるとしたのはなぜか。
2. クライエント中心療法の面接と，精神分析的心理療法の面接の共通性と相違点を挙げよ。
3. 自分が自分のままでいられる瞬間と，そうでない不自然な瞬間を考えてみよう。

6章

行動論的心理療法

実証的学習心理学の知見に基づく介入技法

◆キーワード◆

行動主義心理学，学習理論，行動療法，オペラント条件づけ，応用行動分析，行動修正，強化，シェーピング，古典的条件づけ，系統的脱感作法，逆制止，筋弛緩訓練，不安階層表，イメージ，嫌悪療法，社会的学習理論，モデリング，理性感情療法，信念体系，認知療法，スキーマ

　心理療法の種類を大きく二つに分けると，片方に精神分析をはじめとする心理力動論的な心理療法が，もう一方に本章で述べる行動論的な心理療法が対置される。行動論的心理療法(behavioral psychotherapy)とは，実験など実証的研究によって確立された学習理論に基づいて，不適応行動の除去や適応行動の形成を目指して開発された，臨床心理学的な技法の一群を指す。心理力動論(psychodynamics)が，行動，思考，感情といった心理的現象の背後に，本人に自覚されないさまざまな心の動きを想定するのに対し，行動論(behavioral theory)と称されるこの流れは，観察可能な行動しか扱わないという行動主義心理学の考えを受け継いでいる。

こうした技法の開発は，1900年頃から始まっており，それぞれが条件反射療法，条件づけ療法，逆制止療法と呼ばれていた。しかしアイゼンクの著書の出版を契機に，行動療法(behavior therapy)という名称が，それらを包括するものとして用いられ始めた。しかし，呼称に関していうと，行動論的な立場に立つ専門家間でも，必ずしも一致しているわけではない。現在，教育場面や職業準備・訓練の領域で普及した行動修正や，科学的に治療効果を査定する実験デザインを含む応用行動分析といった言葉が，行動療法とほぼ同義で使われている。また，かつてのように観察可能な行動しか扱わないという行動主義的な立場は弱まり，認知過程を扱う立場が勢いを増してきている。

本章では，数多くある行動論的な心理療法を，①オペラント条件づけを用いるもの(応用行動分析)，②古典的条件づけを用いるもの，③認知過程を媒介させるもの，という三つのグループに分け，それぞれについて説明する。

6-1 オペラント条件づけを用いるもの(応用行動分析)

応用行動分析(applied behavior analysis)は，スキナー(Skinner, B. F.)のオペラント条件づけ(operant conditioning)の理論を応用して，問題行動を修正するために作られた技法である(Skinner, Solomon, & Lindsley, 1953)。オペラント条件づけを社会的に重要な行動上の問題に応用していること，効果の検証を単一事例実験デザインの分析によって行うところからこの名称が作られた。また，そこで行われる介入は，治療と言うよりも教育的な働きかけに近いという認識

から，行動修正(behavior modification)という呼び方もされている。

オペラント(行動)とは，生体が環境に働きかけ，ある結果を引き起こすために自発的に行う行動のことを指す。オペラント条件づけは，条件に合わせて環境を操作することで，行動を変化させることをいう。有名なスキナー・ボックス(Skinner-Box)の研究では，箱のなかに空腹なネズミを入れ，レバーを押すと給餌器が作動するようにセットする。ネズミが，レバーを押し下げると餌が与えられ，レバーを押すという行動が学習される。この学習は餌が与えられるという結果によって強化(reinforcement)されると考えられる。応用行動分析では，このオペラント行動の学習原理を利用して，望ましい行動を形成，増加，維持し，望ましくない行動を減少，消去しようとする。

応用行動分析に限らず，行動論的な心理療法では，はじめに対象者の問題行動について分析するアセスメントを行う。なかでも応用行動分析は，行動の客観的な分析を重視している。アセスメントの目的は，変えるべき行動，つまり標的行動(target behavior)を選定し，その行動を誘発する先行事象(弁別刺激)や，行動の結果として生起する後続事象と，どのような関係があるかを明らかにすることである。先行事象，標的行動，後続事象というこの三者の関係は三項随伴性(three-term contingency)といい，また，その関係を分析するアセスメントのことを機能分析(functional assessment)と呼んでいる。

アセスメントが終わると，つぎに行動的介入(behavioral intervention)のためのプログラムがデザインされる。行動的介入とは，標的行動を変容させるために行う環境の操作である。つまり，行動を誘発する先行事象や，行動の強化につながる後続事象を調節して標

的行動の増加，あるいは減少を図るのである。プログラムが有効に働くには，介入に一貫性がなければならない。そのために，対象者を取り囲む環境は，なるべく構造化されている方が望ましい。以下に，介入で用いられる技法をいくつか紹介する。

シェーピング（反応形成）(shaping)は，すでにある行動の中から一つの行動だけを強化し，反応の分化を促し，段階的に新しい行動を形成する手法である。強化の仕方としては，正の強化(positive reinforcer)と，負の強化(negative reinforcer)がある。臨床場面では，望ましい行動をとったとき，親や教師がご褒美として与えるトークン（カードやコイン）を用意する。これをトークン・エコノミー(token economy)と呼んでいる。

環境にうまく適応するためには，取るべき行動を予告してくれる弁別刺激にすばやく気づくことが重要である。こうした予告刺激に気づくようになることを，刺激性制御(stimulus control)の確立と呼んでいる。そのための技法としてプロンプティング(prompting)がある。弁別刺激に補助刺激を加えて，学習すべき課題に注意を向けさせるのである。また，学習が成立した後に，補助刺激を段階的に除去する。これをフェーディング(fading)と呼んでいる。例をあげると，徒競走の合図（弁別刺激）の前に「今から鳴るよ」と予告（補助刺激）を加え，要領を得たら予告を減らしていくといったことがそれにあたる。

不適切な行動を減らす技法としては，問題行動と拮抗する行動だけを特別に強化したり，問題行動以外の行動全体を強化するといったデザインが組まれる。また，子どもに対して行うタイムアウト(time-out)は，望ましくない行動が生じたときに，一定の時間だけ正の強化を与えない手続きによって，行動を消去する方法である。

具体的には，数秒間顔をそむける，部屋の隅に3分間座らせるなどの形態がある。また，トークン・エコノミーのトークンを反則として取り上げるレスポンス・コスト(response cost)と呼ばれる方法も使われる。

6-2 古典的条件づけに基づくもの

　古典的条件づけ(classical conditioning)は，ロシアの生理学者パヴロフ(Pavlov, I. P.)の研究した条件づけで，レスポンデント条件づけ(respondent conditioning)とも呼ばれる。古典的条件づけの手続きは，2つの刺激を対提示する操作である。レモンを見ると唾液が出るのは，無条件に起こる反応で，レモンは無条件反応を引き出す無条件刺激(Unconditioned Stimulus)と呼ばれる。この無条件刺激に，本来はそうした反応を引き出さない中性的な刺激(条件刺激 Conditioned Stimulus)を対提示し続けると，やがて条件刺激だけでも同じ反応(条件反応 Conditioned Response)を引き出せるようになる。このように条件刺激の性質を変化させる手続きを古典的条件づけと言うが，この条件づけが，不安反応，恐怖反応，引っ込み思案など，望ましくない行動の除去に利用されるのである。例えば，虫を見ると怖がる子に，虫と大好きな食べ物を同時に与え続けることで，恐怖反応を弱めるといった方法である。

　これを臨床的に活用する方法として，二つのタイプの介入方法が確立している。一つは刺激の魅力を増加させる条件づけであり，系統的脱感作法と呼ばれる。もう一つは刺激の魅力を減少させる条件づけで，嫌悪療法と呼ばれる。以下この二つについて説明する。

(1) 系統的脱感作法(Systematic Desensitization)

系統的脱感作法は，ウォルピ(Wolpe, J., 1958)が逆制止(抗条件づけ)の原理に基づいて開発した技法である。神経症的不安と競合する反応を活用して，不適切な不安反応を段階的に軽減する。全体の手続きは，おおよそ3つの段階に分けられる。

まず第一に，不安反応と拮抗する生理学的状態を用いるための準備作業として，筋弛緩訓練(relaxation training)を行う。通常，ジェイコブソン(Jacobson, E.)の漸進的弛緩法(progressive relaxation)の簡便法が用いられる。まずクライエントを伏臥・閉眼させ，緊張が個々の筋にもたらす感覚に注目させる。1つの筋肉群を5～10秒間収縮させ，その緊張感覚を味あわせてから，面接者の合図で突然その緊張を解除させ，約30秒間弛緩を保って快い内的弛緩感覚を楽しませる。この周期を体の各部位ごとに数回経験させ，訓練に習熟すれば筋肉群をより大きな単位にしていく。最終的には，記憶にある弛緩感覚を想起するだけで完全な弛緩を作り出せるようにする。

第二に，不安階層表(anxiety hierarchy)を作る。数回の面接を通して，どのような刺激によって不安が喚起されるのか，情報を集める。そして，喚起される不安の程度が異なるさまざまな時間，場所，状況などを特定し，それを不安の強さに応じて段階的に並べていく。最も強い不安が喚起される状況に100，完全な平静状態に0という数値を当てはめ，両極の間にほぼ等間隔の中間項を設定する。このように設定された不安を強さを測る単位を，自覚的障害単位(Subjective Unit of Distress, SUD)と呼ぶ。

最後の脱感作法は，弛緩訓練が進んで自覚的不安尺度によって0に近い弛緩を作り出せるようになった段階で始める。手続きとしては，まずクライエントを弛緩させ，不安や緊張を感じたら合図をす

るように指示する。最初に中性的なシーンを提示し，次いで階層表の最小不安項目を提示する。イメージが鮮明化したらそのシーンを中断させ，これでクライエントのSUD水準がどれくらい上昇したかを確認する。弛緩，不安シーンの提示，SUD水準の質問の手続きを反復して行い，そのシーンが不安を喚起しなくなったら，次の不安項目に移る。

　系統的脱感作法には，小集団で行う集団系統的脱感作法や，現実場面の項目が提示されるインビボ系統的脱感作法(in vivo systematic desensitization)などいくつかのヴァリエーションがある。前者の例としては，テスト不安やスピーチ不安を持つ人を集めて集団で行うものがあげられる。後者は，治療者が現実場面に一緒に出かけ，患者が不安項目を経験するよう励ますというやり方である。その場合，治療者への信頼感，一緒にいてくれる安心感が，抗条件づけ反応の役割を果たす。

　子どもの場合，年齢，イメージの形成力，弛緩能力，教示の理解力，教示に従う能力，治療への動機づけなどの要因によって効果が左右される。発達程度に合わせた言葉かけや，不安階層表の作り方を工夫する必要がある。

(2) 嫌悪療法(Aversion Therapy)

　嫌悪療法とは，魅力的だが不適切な刺激や行動に不快刺激を組織的に反復提示し，その魅力を減ずる方法のことで，嫌悪条件づけともいう。広義には罰として分類されるほとんどの技法がこれに含まれる(Wolpe, 1967)。

　嫌悪療法の代表的なものとしては，アルコール中毒患者を対象とした条件づけがある。酒瓶という視覚刺激や酒の味と香りは，過度

の飲酒という条件反応を誘発する条件性誘発刺激と考えられる。そこで，吐き気を催させる嘔吐剤を無条件誘発刺激として用い条件づけすれば，酒の味や香りなどの条件性誘発刺激は嘔吐を引き出す条件刺激へと変化する。この方法は，性的異常，薬物中毒，賭博癖，喫煙，病的盗癖などに適用される。

上述のやり方では，不適切な誘発刺激の提示による古典的条件づけを用いているが，不適切な行動を自発させ，それに不快な出来事を随伴させるというオペラント条件づけ嫌悪法もある。一般に，嫌悪療法のプログラムは，古典的条件づけとオペラント条件づけの組み合わせであることが多いといわれている。

嫌悪療法の適用には，倫理的問題や物理的な問題が伴う面がある。適用にあたっては，クライエントの同意を得ることが必要であるし，子どもの場合は本人かその権利の代弁者（親など）に嫌悪刺激使用の必要性と具体的手順を説明し，同意を得るようにする。

6-3
認知過程に注目するもの

応用行動分析をはじめとする行動主義的なアプローチでは，客観的に観察することができる行動のみを操作の対象にしてきた。しかし，時代を経るにつれ，思考や判断などの認知過程を考慮に入れ，変容の標的にしようとする流れが出てきた。クライエントの訴える問題が行動上の問題であったとしても，その背後に行動を生み出す思考，感情，判断が働いているということは，普通の感覚で理解できることである。また，実際の臨床現場で出会う問題の多くは，直接観察できるものというより，言語的な報告によって知りうるもの

6-3 認知過程に注目するもの

である。臨床心理面接で認知過程に焦点が当てられるのは，自然な成り行きなのである。

認知過程に注目する流れは，一人の理論家によって作られたというよりも，行動論内外のさまざまな研究者からさまざまなアプローチが提出され，合流しながらできていった。現在普及している認知行動療法(cognitive behavioral therapy)も，特定の立場というより，類似したアプローチの集合体を指す言葉として使われている。

ここでは学習心理学の内部から出てきた社会的学習理論の立場と，精神分析の立場から出てきた理性感情療法と認知療法について紹介する。

(1) 社会的学習理論(Social Learning Theory)

バンデューラ(Bandura, A., 1977)が提唱した社会的学習理論は，直接強化を与えられなくても，モデルを観察することによって，観察者に学習が起こることを取り上げた。そして，それまで模倣や同一視など，さまざまな言葉で呼ばれてきた現象を，モデリング(modeling)という概念で包括した。モデリングとは，狭義には模倣されるべき行動の提示や，獲得してもらいたい行動を実演してみせる教示方法のことを指す。しかし広い意味では，モデルの提示によって，観察する側の行動に変化が生じる過程までをも含めている。

バンデューラらは，このモデリングを系統的脱感作の技法と組み合わせて，効果が上げられることを主張した(Bandura et al., 1969)。その後，モデリング法(modeling method)は，恐怖症をなくしたり，向社会的行動や自己制御的な行動を獲得させる方法として発展していった。

モデリング技法は，通常，モデル提示を単独で行うのではなく，

オペラント強化を併用する。その代表的な技法として参加的モデリング（participant modeling）があり，主に恐怖や不安の除去に用いられる。モデル提示をした後に，場合によっては身体接触も含めクライエントを安心させながら，恐怖対象に徐々に近づくことを促す。うまく接近できた場合には，強化を与えるといった手順も加えられる。例えば，動物を怖がる子どもに，セラピストが動物を撫でる様子を観察させ，子どもの肩を抱いて動物の側に移動し，それを触ることを励ます。子どもが少しでも進歩を見せれば，言語的・社会的強化を与えるという手順である。

　モデリングに影響を与える要因として，モデル自身の特徴があげられる。モデルがその行動に堪能であること，学習者からみて社会的地位が高いこと，友好的で援助的であること，年齢・性別・社会的地位が観察者と類似していること，観察者が好む報酬をコントロールしていることは，いずれもモデリングを促進する要因となる。また，モデルの提示の仕方によっても効果が異なる。一般に，提示の仕方が明瞭詳細であること，難度が徐々に高くなること，十分な反復提示があること，無関係な細部が省かれていることが，よい提示の仕方であるといわれている。

　バンデューラは，はじめオペラント条件づけなど学習理論の立場に立っていたが，モデリングなどの観察学習が行われる場では，観察者側の内的要因が重要であると考えるようになった。それは，注目過程，保持過程，運動産出過程，動機づけ過程の4つで，これらはおおよそ認知過程と言いかえてよいであろう。この過程のどこかに欠陥があれば，モデリング法はうまく機能しないので，それを補助するような働きかけが必要になる。その意味で，モデリングは認知過程を考慮に入れた心理療法であるといえる。

(2) 理性感情療法(Rational Emotive Therapy: RET)

理性感情療法は，エリス(Ellis, A.)によって提唱された認知過程を重視する心理療法である(Ellis, 1962; Ellis & Harper, 1975)。エリス自身は精神分析の訓練を受けた臨床家であるが，精神分析よりも臨床効果の上がる技法を模索する中で，この療法を編み出している。論理療法，論理情動療法という訳語もあてられているが，エリス自身は後に理性感情行動療法(Rational Emotive Behavior Therapy; REBT)と名称を修正している(Ellis, 1994)。

理性感情療法の説明には，ABCというアルファベットが用いられる。Aは悩みを誘発する出来事(activating events)，Bは信念体系(belief system)，Cは結果として生じるネガティヴな感情(consequence)を示す。クライエントの多くは，悩み(C)を引き起こすのは，出来事(A)であると考えがちで，受け取り方(B)が関与していることを忘れがちである。しかし，出来事については，いくら嘆いても事態は変わらない。むしろ，変化を促すことができるのは，個人の受け取り方や信念体系である。理性感情療法では，個人が抱える不合理な信念体系(B)を特定し，それを修正していくことを目指す。

不合理な信念体系にはさまざまなものがある。例えば，何かを決めつける(ラベリング)，いつも全てそうなると思いこむ(過度の一般化)，何でも自分に結びつける(個人化)，まるで世界の終わりのように極端な結論づけを行う(破局化，畏怖化)といった，さまざまな歪んだ思考のパターンが，個人の不適応を生み出している。理性感情療法は，こうしたクライエンの不合理な信念を変えることを目指している。

介入技法の中心は，論破(dispute)である。論破は，面接者がクライエントの非理性的な思考に対して精力的に論戦を挑んでいくこ

とを言う。そうした信念がいかに自分を阻害しているか，また阻害された状況を自分が生み出しているかということを明示し，その不合理性を自覚させていくのである。また，面接者がクライエントを論破するだけでなく，クライエント自身が自分の思考に対し挑戦していくように，疑問を内在化させることが重要であると考えられている。

理性感情療法では，論破以外に，さまざまな補助的な技法が用いられる。認知的方法としては，問題解決技法，モデリング，イメージの利用などがあり，情緒的技法として，ユーモアの使用，面接者の自己開示，羞恥心克服エクササイズなどがある。また，行動的技法としては，現実場面を用いたインビボ脱感作療法，社会的スキル訓練をはじめとして，さまざまな技法がある。実際の行動場面での変化を目指して，工夫を凝らした試みを積極的に行うのが，理性感情療法のひとつの特徴となっている。

(3) 認知療法(Cognitive Therapy)

認知療法は，認知過程に焦点を当て，その歪みを修正することで改善を図ろうとする心理療法である(Beck, 1976)。開発者であるベック(Beck, A. T.)は，成人のうつ病患者に関心を持ち，うつの原因やうつを持続させる不適切な信念や態度を明らかにし，それを変化させるために，時間制限的で焦点化された介入を行う方法を編み出した。

ベックは，クライエントの問題の背後にある認知の歪みを，二つの水準でとらえようとする。第一の水準は，注意をうまく向ければ本人が自覚できるもので，自動思考(automatic thought)と呼んでいる。妥当性のない歪んだ思考様式だが，内省や推論がなされないま

ま反射的に表れるように見えることからこのように呼ばれる。自動思考の例としては，恣意的推論(arbitrary inference)，分割的考え(dichotomous thinking)，拡大視(magnification)，選択的抽出(selective abstraction)，過度の一般化(over-generalization)，自己関連づけ(personalization)などが挙げられている。

第二の水準は，意識の流れの中にあまり浮上してこないが，心の深部に存在している態度で，規則(スキーマ schema)と呼ばれる。スキーマとは認知心理学に由来する概念だが，ここでは，さまざまな認知の背後にあって，それらを特徴づける個人的信念の基本枠組みのようなものを指す。生得的な要因もからみながら，それまでに蓄積された体験から抽出・精製された人生に関する基本仮説と言いかえてもよい。言葉に表すならば，例えば「自分には価値がない」，「世の中は危険に満ちている」，「人から愛されなければ存在価値がない」といった形をとる。

介入は，まずクライエントに自動思考を自覚させることからはじめる。基本は，さまざまな質問を投げかけることによって，その思考に注意を向けさせていくのだが，面接中にロールプレイを行う，閉眼させて実際に起こった出来事をイメージさせる，日常場面で自分の思考について記録をつけさせるなど，面接内外で積極的な工夫を行う。

自動思考が明らかになったら，その非合理性を検証しながら，それに替わるより機能的な思考を提案していく。また，そうした思考の背後にある，スキーマを特定すると共に，その確信を揺さぶるように働きかけていく。

最終的には具体的な行動場面で，歪んだ認知に支配されない新しいやり方を模索させる。その際にも，段階設定した課題を順々に達

成させていく段階課題設定(graded task assignment)，歪んだ信念の妥当性を検証させる認知の再評価(cognitive reappraisal)，目標到達までの過程をイメージさせ，つまずきが生じるポイントを観察させる認知リハーサル(cognitive rehearsal)など，さまざまな介入技法を用いる。

エリスと同様，ベックも，もとは精神分析家であり，そのやり方には精神分析の流れを汲むものがある。例えば，さまざまな問題を吟味しながら背後にある共通の問題を抽出する，過去の歴史を丹念に振り返ることで原因の連鎖を明らかにする，現在の人間関係のパターンを見極めるといった作業である。こうした作業を進めていく上で，特に認知療法では，面接者とクライエントの合理的な協調関係が重視される。面接の目標や面接にかかる時間，方法など，なるべく丁寧に説明し，面接の目的を明白にする努力を払うのである。

6-4 まとめ

行動論的な心理療法は，精神分析に始まる心理力動的な考え方に対する批判として登場し，長い間両者は相互に相容れない考え方であるとされてきた。たしかに，面接のあり方を取り上げてみると，クライエントの自由な語りが促される心理力動的な心理療法と，行動の改善を目指して系統的な介入を行う行動論的な心理療法とでは，ずいぶん趣が異なる。行動論的な面接では，実施の方法が極めて構造化されており，またその分，面接者とクライエントの間で生じてくる関係的な要素には注意を払わない。

しかし，心理力動的な面接でクライエントが自由に語るというこ

とは，葛藤や苦痛を帯びた体験を再生・想起する作業でもあり，面接者が共感的に聞くことにより，苦痛や葛藤が和らげられるのは，系統的な脱感作と同じ過程が生じていると言えなくもない。また，力動的な心理療法における，面接者の解釈は，クライエントの内的な問題を理解するための言語的な枠組みを提示することである。それは認知的なアプローチでは，重要な技法のひとつである。さらに，力動的な心理療法のかかわりを通して，クライエントは，内的な問題を理解しようとする面接者の姿勢を学習し，終結時には面接者がいなくてもできるようになると言われる。これは，まさしくモデリングの過程である。

このようにみると，行動論的なアプローチと力動的な心理療法は，一般に強調されるほど対立的にとらえられるものではない。効果を発揮する原理に関していえば，両者の間に共通するものを見いだすことも可能なはずである。心理療法全体の発展ということを考えるならば，二つの理論的立場は相互に高め合うための対比軸ととらえ，介入方法の違いは適材適所のためのバリエーションととらえる道を，模索していく必要がある。

◖ま と め◗
❑ 行動論的心理療法とは，実証的な学習心理学の知見に沿って開発された心理療法の一群を指し，心理力動的な心理療法と対置される。
❑ 応用行動分析(行動修正)は，オペラント条件づけの原理を用い，先行事象や後続事象を系統的に調節することで，標的行動の増加や減少を狙う。
❑ 古典的条件づけを用いた方法としては，筋弛緩訓練と段階的なイメージ喚起を組み合わせた系統的脱感作法が有名である。

◀より進んだ学習のための読書案内▶

山上敏子 (2007). 方法としての行動療法　金剛出版
坂野雄二 (1995). 認知行動療法　日本評論社
内山喜久雄・坂野雄二 (2008). 認知行動療法の技法と臨床　日本評論社
伊藤絵美 (2005). 認知療法, 認知行動療法カウンセリング　星和書店
　　☞上記のものはいずれも日本における行動療法家による解説本である。

◀課題・問題▶

1. 行動論的心理療法の具体的な介入方法で共通している特徴を整理せよ。
2. 理性感情療法や認知療法では，その人が暗黙の内に持っている信念に注目する。読者一人ひとりが，どのような信念を持っているのか考えてみよう。

7章

集団心理療法

参加者同士が影響を与えあう

キーワード

グループ・アプローチ,サイコドラマ,活動集団,基底的想定グループ,Tグループ,ベーシック・エンカウンター・グループ,ゲシュタルト療法,セルフ・ヘルプ・グループ,情報の伝達,愛他性,現家族の修正的捉え直し,社交技術の発達,対人関係の学習,修正情動体験,集団の凝集性

集団心理療法(Group Psychotherapy)は,複数の対象者で集団を構成し,集団場面における話し合いや活動を通して行う心理療法の総称である。集団精神療法,集団療法,グループ・カウンセリング,グループ・アプローチ,セルフ・ヘルプ・グループといった似かよった概念や用語が多くあるが,厳密に定義されているとは言えない。一般に,医療現場では,集団精神療法と呼ばれることが多く,日本における学会の正式名称はそれを採用している。ここでは医療の外で行われるものも含め,集団心理療法の方を使うことにする。集団療法という場合は,心理学的援助以外の援助が含まれ,グループ・カウンセリングという場合は,専門性の低いカウンセラーによる集

団での話し合いによるカウンセリングを指す場合が多い。グループ・アプローチという言葉は、健康な人々を対象とした集団場面を用いた教育、研修、自己啓発のための技法全般を指す。さらに、セルフ・ヘルプ・グループ(自助グループ)は、クライエント自らが運営し、会の進行もつかさどる場合に用いられる。

　一対一で行われる個人心理療法に比べると、集団心理療法の進め方には、かなりのバリエーションがある。本章では、種類の多い集団心理療法のすべてを紹介するといったことはできないので、集団心理療法の歴史をたどることで、有名な諸技法を素描する。その上で、集団場面をセッティングするための選択肢を整理し、さらに集団心理療法における援助的要素について述べることにする。

7-1 集団心理療法の歴史

(1) 集団心理療法の起源と理論

　集団心理療法は1905年にボストンの内科医プラット(Pratt, J. H.)が、重症の結核患者を集め、25人程度の結核教室を組織したのが始まりといわれる。彼は、クライエントたちに日記を書かせ、それを週に1回のミーティングで報告させ、体重の増加成績を黒板に書き上げ、優秀であったものは表彰するといった活動を進めていった。そうしたなかで、仲間としての凝集力が高まり、相互に助け合う風土が形成されていった。それが、結核患者に固有の孤立感とうつ感情の軽減に寄与したとされている(Yalom, 1995)。このエピソードは、同じ立場にある者同士の経験を共有することが、人間の精神的健康を増大させるという、集団心理療法の基本的原理を端的

7-1 集団心理療法の歴史

に伝えている。そのうえ,さまざまな技法上のヒントを備えている点で興味深い。

集団心理療法という用語そのものは,ウィーンの精神科医モレノ(Moreno, J. L.)が最初に用いたとされる。ただ,彼自身は心理劇(サイコドラマ:psychodrama)の創始者として有名で,1925年にアメリカに移住してからもその普及に力を入れた。心理劇は,監督(面接者),主役,観客,補助自我(助監督の役割をとりながら,主役の自発性を引き出すように,さまざま補助的な役割を演じる者),そして舞台からなり,即興的な演技における自発性とさまざまな役割の体験を通して,洞察やカタルシスを生むための技法である。

その後,臨床的技法としての集団心理療法を普及するのに大きく貢献したのが,ニューヨークの精神分析家スラブソン(Slavson, S. R.)である。彼は1934年に児童や青年を対象とした活動集団(activity group)を作り,精神分析的な集団心理療法を発展させた。1943年には米国集団心理療法学会(American Group Psychotherapy Association)の設立に尽力している。

こうしたさまざまな試みが積み重ねられる中で集団心理療法が,米国で大きく発展した背景には,第二次世界大戦における,精神科領域の専門家の不足があったという。個人療法に対して,少ない専門家で多くの対象者・クライエントを扱えるという経済性が,集団心理療法の特色の一つでもあった。

さらに1950年代,集団心理療法の流れは,いくつかの方向に分かれていった。その分化は,異なる種類の臨床現場への適用,異なる種類のクライエントへの適用,そして異なる理論の適用という三つのかたちで進んでいった。

当初,理論面で影響力を持っていたのは精神分析的な考え方であ

った。スラヴソンなどは,「いま・ここで(here and now)」の対人関係のあり方よりも,その背後にある欲求や動機,過去の体験を強調した。集団場面において退行的な動きをする参加者の欲動,対象関係,認知を,参加者の退行ととらえ,解釈して伝えることが面接者の役割と考えたのである。(Rutan & Stone, 1993)

イギリスにおいてユニークな理論を展開したのはビオン(Bion, W. R., 1961)である。彼は,基底的想定グループ(Basic Assumption Group)という無意識過程によって,グループ全体のダイナミクスを理解しようとした。ビオンによれば,すべての集団には二つの過程がある。一つは合理的な目標に向かう作業グループ(working group),もう一つは無意識の動きにグループ全体が動かされている基底的想定グループである。基底的想定グループとして,ビオンは,依存(dependency),闘争-逃避(fight-flight),つがい(pairing)という3つのタイプを挙げている。

依存グループでは,メンバーは,自分たちを無力な存在とみなし,全知全能のリーダーに依存する。そこでは,万能感がリーダーに投影された状態にある。闘争-逃避グループでは,メンバーは闘争か逃避によって安全を確保できるかのように振舞う。危険にさらされているという妄想的な想定があり,自己の攻撃性が外界に投影されている状態と考えられる。つがいグループでは,集団内の二人のメンバーが親密になり,二人だけの世界を作り出すことで,そこから自分たちを救ってくれるもの(救世主)が生まれるかのように振舞う。希望のもてない状態が否認され,躁的に防衛されている状態と考えられる。

ビオンから教えを受けたガンザレイン(Ganzarain, R. C.)は,後に,ビオンの集団理論や対象関係論(精神分析の項を参照のこと)の

考えを引き継ぎ，さらにTグループ(次の項で説明する)の経験も加えて，対象関係集団心理療法を発展させている(Ganzarain, 1989)。

精神分析のなかでも，サリヴァン(Sallivan, H. S.)の対人関係論は，過去の体験以上に現在の対人の場での体験に注目するという点で，「いま・ここで」の経験を重視するグループ・アプローチの考えに通じるところがある。ただ，集団心理療法の基礎理論として取り上げられるのは，比較的最近にヤーロム(Yalom, I. D.)によってまとめられたところが大きい。ヤーロムの考え方は，後で詳しく述べる。

(2) 自己啓発を目指すグループ・アプローチの発展

1950年代に入ると，それまでの集団心理療法の流れとは，少し異なったスタンスの動きがあらわれてきた。いわゆる治療というよりも，一般の健常な人々を対象に，対人関係技術の練磨，自己啓発，集団力動の理解などを目的に行われるグループ場面を用いた手法で，総称的にグループ・アプローチと呼ばれる。中でも有名なのは，レヴィンのTグループと，ロジャーズによるベーシック・エンカウンター・グループである。

① Tグループ(T group)

グループ・アプローチの先駆けとなったTグループは，場の理論で有名な心理学者のレヴィン(Lewin, K.)とその弟子たちによって生み出された。1946年，マサチューセッツ工科大学集団力学研究センター所長であったレヴィンは，人種的偏見による集団間の問題を扱える地域リーダーを訓練するように要請され，人間関係ワークショップを企画した。このワークショップには観察者が配置され，ワークショップの終了後にワークショップの様子について検討する

会議が持たれた。たまたまそこに数名のワークショップ参加者が,自分たちも出席したいと申し出た。会議が始まると,外部観察者とは異なるワークショップ参加者の視点が加わることで,議論が活発化し,それによってワークショップ参加者たちにさまざまな気づきや発見が生まれたという。

　Tグループ(人間関係訓練グループ human relation training group)は,この経験をもとにレヴィンらが開発した受講者参加型グループの技法である。通常,互いに知らない10人程度のメンバーで集団を構成し,何を話せばいいのか決められていない状況の中で話し合いをさせる。参加者は,最初のうち戸惑うが,次第に展開されるメンバー間の相互作用を通して,人間関係についての気づきが生まれる。特に重要なのは,参加者が,いま・ここで生じている自分たちの相互作用や自己の経験について話し合うことである。この技法は,場合によっては,さまざまな小講義や,具体的な課題をあたえられた実習などを組み合わせて行われる。1960年代のアメリカで大きく発展し,企業の管理職を対象とした研修会などに活用されるようになった。

　②　ベーシック・エンカウンター・グループ (Basic Encounter Group)

　Tグループの開発とほぼ同時期に開発されたのが,ロジャーズのベーシック・エンカウンター・グループである。1946年,シカゴ大学カウンセリングセンターにいたロジャーズは,復員局のカウンセラー養成の訓練コースを作るように要請され,集中的なグループの討論を行うプログラムを企画した。その有効性に気づいた彼は,自分のワークショップの中で用いていたが,1960年頃からレヴィンらのグループと交流し,その影響を受けつつ,独自の集中的なグ

ループ体験の技法を作り出した。

　ベーシック・エンカウンター・グループのグループは，10から12名の参加者と，ファシリテーター(facilitator)によって構成される。ファシリテーターはグループのリーダーの役割をもつが，できるだけそのリーダーシップはメンバー全体に任せるように努力する。つまり，ファシリテーターは，グループ参加者の一人という位置づけに近づこうとする。

　グループの話し合い(セッション)は3時間とし，1日3セッションを1泊2日から5泊6日にかけて，集中的に行う。話し合いのテーマは決められておらず，すべてがグループにゆだねられるので，はじめのうち参加者はどのように話を進めてよいかわからず戸惑うが，徐々に参加者の感じている生の感情や，率直な意見が交わされ，相互信頼感が増していく。こうした過程の中で，参加者一人ひとりが自分自身の気持ちに触れ，自分を再発見できるようになっていく。

　こうした一般人を対象とする，集団場面を用いた技法としては，Tグループの発展形と考えれる感受性訓練，人間関係ラボや，パールズ(Perls, F. S.)によるゲシュタルト療法，バーン(Berne, E.)によって考案された交流分析など，さまざまなものがある。

　③　ゲシュタルト療法(Gestalt Therapy)

　ゲシュタルト療法は，サイコドラマやエンプティ・チェアといった参加者に実演させる技法を用いながら，いま・ここで体験される感覚や感情に焦点をあて，自己への気づきを促すものである。ゲシュタルトとはドイツ語で「まとまりをもった全体の形態」を意味し，自己のさまざまな側面に気づき，人格の全体性を取り戻すといった意味がこめられている。

　④　**交流分析**(Transactional analysis)

交流分析は，3つの自我状態(P：親の自我状態，A：大人の自我状態，C：子どもの自我状態)からなる人格についての理解，相補的，交差的，潜在的(裏面的)といったコミュニケーションのパターンに関する理解，人が日常無意識に繰り返している行動パターンの理解(ゲーム分析)，そして自らの生き方を規定している無意識の筋書きの理解(脚本分析)をすすめていくものである。特に，ゲーム分析においては，グループ・セッションでの行動の分析が用いられる。

　以上のようなグループ・アプローチは，総称的にエンカウンター・グループとも呼ばれ，1960年代後半から起こった人間性回復運動の流れに乗って，ある種の流行現象を引き起こした。
　しかし一方で，こうしたグループ・アプローチについての問題も指摘されている。それは，変化の持続性に対する疑問，リーダーの専門的訓練の欠如，研究調査による検証の欠如，そしてグループ参加による傷つき体験の問題などである(コーチン，1976)。その後，エンカウンター・グループについての大掛かりな実証研究が行われるようになり，リーダーの資質として，ロジャーズの三原則(第5章を参照のこと)だけでは不十分であるといったことが指摘されるようになる。しかし，その技法や考え方は現在でも企業の人材開発や種々の研修に活用され引き継がれている。また，それまで理論的に主流であった精神分析的な考え方に対し，より現在の体験，すなわちいま・ここでの体験に焦点をおく視点は，症状の改善を目的とした集団心理療法の考え方にも理論面で影響を与えている。

⑤　セルフ・ヘルプ・グループ(Self Help Group)
　グループ・アプローチの歴史の中で，最後に，セルフ・ヘルプ・

グループ(自助グループ)について述べておきたい。セルフ・ヘルプ・グループとは,精神保健や臨床心理などの専門家によらず,さまざまな困難を抱えた者同士が寄り合い,お互いを支えあう活動を行うことを言う。その定義は,相互援助を通じて効果的な生き方を追求することを目的とし,発足と起源,援助の資源,メンバー構成,組織や活動の統制が,参加メンバー自身によるものとされている。専門家による指導や援助は,あったとしても補助的なものにとどまる(村山,1979)。歴史をたどるとかなり古く,1935年には,米国オハイオ州でアルコール依存症者たちによって匿名断酒会(Alcoholics Anonymous: A.A.)がはじまり,その活動が,他の多くのセルフ・ヘルプ・グループのモデルになったといわれる。その後,アルコール以外の薬物依存者,依存症からの回復者,子どもを失った両親,心臓病をはじめとするさまざまな身体疾患,難治症の患者,摂食障害患者,吃音者などのセルフ・ヘルプ・グループが生み出された。現在では,その種類は拡大し,性的被虐待者,性同一性障害者,アダルト・チルドレン,犯罪被害者,犯罪被害者遺族など,さまざまな困難やスティグマタイゼーション(社会的レッテル張り)を抱えた人たちの自助的なグループ活動が展開するようになっている。

　グループの活動のあり方はそれぞれのグループによって異なり,匿名のかたちで会に集い,自分の弱さや葛藤や経験を開示し,相互に励ましあうという匿名断酒会モデルのものから,定期的な談話会や情報交換といった自然な交流活動を中心とするものまでさまざまである。どこまでをセルフ・ヘルプ・グループと呼ぶのかあいまいな面もあるが,前者の形の活動の中には,エンカウンター・グループ運動の思想と重なるところもある。

7-2
集団心理療法の援助的要素

　すでに見てきたとおり，集団心理療法と一口に言っても，技法のバリエーション，理論も多種多様で，それらを統一的に論ずることは難しい。ここでは，現在米国の集団心理療法のテキストとして最も定評のあるヤーロム著『集団心理療法の理論と実際』(Yalom, 1995)に沿いながら，集団心理療法の援助的要素についてまとめる。ヤーロムの立場は，心理力動的な観点とベーシック・エンカウンターの流れを統合しつつ，理論的には対人関係論に依拠している。

　ヤーロムは，集団心理療法の臨床面接的要素を11にまとめているので，それらを以下に要約して述べてみたい。

① **希望の注入**(installation of hope)

　グループに参加することでよくなるかもしれないという希望は，心理療法を受けようとするクライエントの最も基本的な動機のひとつである。それがなければ面接の継続を維持することはできない。そうした希望を，クライエントにもってもらうことを，希望の注入という。集団心理療法の場合，回復していく他の参加者の様子を見ることが，大きな励みとなり希望につながる。

② **普遍性**(universality)

　普遍性とは，自分と同じ悩み，経験，問題を，他のメンバーが持っているということを知り，自分だけが特殊であるという感覚から開放された状態のことをいう。精神的な悩みは，他人に打ち明けられることなく，秘密のまま抱えられると苦しみが増す。そうした悩みが他のメンバーによって話され，自分ひとりではないという感覚

をもつことで,参加者は回復の第一歩を踏む出すことができる。

③ 情報の伝達(imparting information)

情報の伝達には,面接者による教育的な情報提供と,面接者や他の参加メンバーから与えられる助言,示唆などが含まれる。病気や症状,心の働き方,対人関係の力動などについて知識を得ることは,重要な面接の援助的要素の一つである。かつては,知識ベースの教育的な働きかけは,集団心理療法の中でも敬遠される傾向があったが,最近はむしろこうした知識の重要性が認識され,心理・教育的な知識伝達のプログラムが,集団心理療法の中に組み込まれるようになってきている。しかし,情報の伝達は,そうした正規のプログラムによるものだけではない。参加者間の間で,自発的にさまざまな知識が助言として伝達される。

④ 愛他性(altruism)

「相手のために何かする」という行為を愛他性という。先の参加者間での情報の伝達は愛他性の一つのあらわれでもある。また,助言だけでなく,保障,励まし,示唆,洞察を互いに出しあうということも起こってくる。同じ立場にあるグループメンバー間で与え合うことは,面接者から与えられる経験以上に大きな影響力を持つ場合もある。また,グループの中で他人の役に立つということ自体が,自尊感情が低下しているクライエントに,自信を取り戻させるという側面も持っている。

⑤ 原家族の修正的捉え直し(recapitulation of primary family group)

精神的な問題を抱えるクライエントのなかには,もともとの家族関係がうまくいっていなかったという人々がかなりいる。集団心理療法のグループはさまざまな点で,家族と似ている要素を持ってお

り，多くのクライエントにとって，家族集団において経験したさまざまな葛藤，感情，経験が再現される場となる。しかし，単なる反復的な再現ではなく，より建設的，援助的に扱われることによって，原家族において経験した傷つきが癒されるきっかけとなるのである。

⑥ **社交技術の発達**(development of socializing technique)

基本的な社会的スキルが発達するというのは，どのようなグループ体験においても共通の要素である。あるタイプのグループでは，役割演技などを用いてこの社交技術の発達を中心に進めていく場合もある。そのように直接の目標を掲げない場合であっても，参加者間の自発的な発言のなかには，他者を観察した結果のフィードバックが含まれ，それによって，参加者は自分の社交的なあり方を再チェックすることになる。

⑦ **模倣行動**(imitative behavior)

他者のやり方をまねて，取り入れるということは，どのような心理療法においても必然的に起こってくることである。個人心理療法においても，クライエントが面接者に同一視して，さまざまな側面を学び取るということがある。集団心理療法においては，その過程がより多次元的に生起する。心理療法家や他の参加者の支持的な行動や自己開示のあり方が，個々の参加者に大きな影響を与える。

⑧ **対人関係の学習**(interpersonal learning)

対人関係の学習は，ヤーロムが集団心理療法の援助的要素の中で最も重視したものである。ここでは，彼のあげる3つの基本概念について説明し，援助的なプロセスがどのように進むかをまとめて説明する。3つの基本概念とは，対人関係の重要性，修正情動体験，小宇宙としての集団である。

対人関係の重要性は数多くの人々によって強調されてきたが，ヤ

ーロムが最も依拠するのはサリヴァンの対人関係論である。詳しくは，第4章4-4で述べたところを見ていただきたいが，要約すると，さまざまな精神病理は過去の他者経験に由来する対人関係の歪みとして理解することができる。その歪みの修正は，他者との合意による確認(consensual validation)によってなされるという着想がそれである。修正情動体験(corrective emotional experience)は，精神分析家アレクサンダー(Alexander, F.)の概念で，クライエントが過去にうまく扱えなかった情緒体験を，より好ましい環境下で再体験させるというものである。ヤーロムによれば，グループへの参加者はそれぞれの対人関係のゆがみを，現実の人間関係の縮小版として機能する援助的小集団(小宇宙としての集団)の中で再現するようになる。そして，心理療法家や他の参加者からその点についてフィードバックされるなかで，自分の歪みに気づき，新しい適応的な関係のとり方を試行錯誤するようになる。その新しい関係のとり方が，受容的かつ支持的な集団のなかで受けとめられると，今度はそれを集団外の現実生活のなかでも行えるようになっていく。このプロセスが，集団心理療法のもっとも重要な援助的要素と考えられている。

⑨ **集団の凝集性**(group cohesiveness)

集団の凝集性とは，個人心理療法におけるクライエント・面接者間の関係(relationship)に相当するとヤーロムは言う。凝集性とは，メンバーを集団内に引きつける力の総体を意味している。より凝集性のあるグループでは，メンバーは互いを受容しあい，支持しあい，意味のある人間関係を築いていく。また，凝集性は，メンバーの自己開示を促進し，自己探求へと導く原動力となる。特に否定的な側面も含めた自己への直面化が可能になることによって，グループの

中で獲得される自尊感情はより現実的かつ強固なものになるのである。

⑩ **カタルシス**(catharsis)

カタルシスとは，抑制されて押し込められていた感情を吐き出すことである。ブロイアー(Breuer, J.)とフロイトのヒステリー研究以来，多くの面接者が心理療法の中でクライエントにカタルシスの経験を持たせるように努力してきた。集団心理療法においても，表現できずにいた強い感情を他のメンバーの前で表出する瞬間は，本人や他のメンバーにとって貴重な経験として印象深く記憶に刻まれる。それはまた，集団の凝集性を高める要素でもある。しかし，クライエントの中に肯定的な変化が生み出されるためには，カタルシスだけでは十分ではなく，認知的な要素が加わることが必要であるといわれている。

⑪ **実存的要素**(existential factor)

実存という言葉は，限界性を有する人間存在の現実を意味する哲学用語である。我々が生きている世界には不公平が存在し，我々は人生の苦痛や死から逃れることはできず，究極的には自分自身が人生の担い手になるしかない。そうした現実を認識し，そのなかで生きることの意味を見出すという経験を参加者や心理療法家は経験する。こうした経験は意図してもてるわけではないが，集団心理療法の場面で起こり得る重要な要素の一つであると考えられている。

以上，集団心理療法の援助的要素をみてきたが，そこで繰り返し強調されるのは集団が持つ力，そして他の参加メンバーの存在である。それこそが個人心理療法にはない，集団心理療法のユニークな面接場面の特色であることを考えれば，きわめて当然のことといえ

よう。

◀まとめ▶
☐ 集団心理療法は，複数のクライエントを一堂に会する集団場面を用いて援助を行う方法である。
☐ 集団心理療法は大きく分けて，治療的な援助を目指す集団心理療法（集団精神療法）と，自己啓発的な学びを目的としたグループ・アプローチがある。
☐ 専門家に頼るのではなく，さまざまな困難を抱えた者同士が主体的に寄り合い，お互いを支え合う集団活動をセルフ・ヘルプ・グループと呼ぶ。

◀より進んだ学習のための読書案内▶
Yalom, I. D. (1995). *The theory and practice of group psychotherapy.* New York; Basic Books.
　　☞ 集団心理療法に関心のある人は，ぜひヤーロムの原著を読んで欲しい。
ヤーロム・ヴィノグラードフ／川村優(訳) (1997). グループサイコセラピー——ヤーロムの集団精神療法の手引き　金剛出版
　　☞ 翻訳されたものとしては，上記の本がある。

◀課題・問題▶
1. ロジャーズのベーシック・エンカウンター・グループなどグループ・アプローチが，集団心理療法に与えた影響は何か。
2. ヤーロムの述べる対人関係の学習とはどういうことか簡潔に述べよ。
3. クラブの会合やゼミの討論など，普段参加している小集団の活動について思い起こし，自分の成長にとって役に立っている点は何か考えてみよう。

8章

家族療法

家族に対して働きかける

◀キーワード▶

ボウエン派,ダブルバインド(二重拘束)理論,コミュニケーション派,メタ・コミュニケーション,家族ホメオスタシス,戦略的家族療法,ミラノ派,システミック派,肯定的意味づけ,構造派,構造的家族療法,堅固な連合,機能的な力の欠如,リフレーミング,コミュニケーションの多次元性

　家族療法(family therapy)とは,家族を一つの単位として面接の対象とするアプローチである。しかし,集団心理療法と同じように,この用語は総称的で,さまざまな理論や技法を含んでおり,呼称の点でも,集団心理療法の変形を示唆する家族集団療法(family group therapy),心理療法としての位置づけを強調する家族心理療法(family psychotherapy),カウンセリングとの連続性を示唆する家族カウンセリング(family counseling)など,さまざまなものがある。

　本章では,家族療法の諸理論,諸技法を位置づけながら述べてみたい。

8-1
家族療法の歴史

　家族療法の起源を最も古くまでたどると，フロイトの「ハンス少年の症例」につきあたる。フロイトは，恐怖症を呈する5歳の少年の治療を，本人に会うのではなく，父親との面接を通じて行った(Freud, 1909)。この面接の構造は，まさに家族療法のはしりといってよい。しかし，フロイトの関心は常にクライエント個人の内界にあり，現実の家族関係に対しては関心が注がれなかった。

　これに対して，個人と個人の関係，そしてコミュニケーションに関心をもつ人々が出てくる。人類学者ベイトソン(Bateson, G.)は，人間のコミュニケーションについて研究し，有名なダブルバインド(二重拘束)理論(doublebind theory)を作り出した(Bateson, 1972)。ダブルバインドとは，「やってもよい」と「やってはいけない」という矛盾したメッセージが同時に発せられる場合を言う。それにさらされる者は混乱してしまう。ベイトソンが，その後家族療法の推進者となるジャクソン(Jackson, D.)，ヘイリー(Haley, J.)，ウィークランド(Weakland, J.)らとともに発表した論文(1956)は，このダブルバインド理論を統合失調症者とその家族に適用する臨床的研究であり，家族療法の古典として名を残している。

　ダブルバインド理論の重要性は，個人を単体としてみるのではなく，それを取り巻く人的環境の脈絡のなかで捉えるという視点を打ち出したところにあるだろう。ベイトソン自身によって「生態学的」と呼ばれるこの視点は，家族療法の観点を飛躍的に拡大させることになった。

　ダブルバインド理論が出された1950年代は，精神分析のように

個人の精神内界に焦点を当てた個人心理療法が主流の時代であった。この時期から，家族に対して働きかける技法が試みられ紹介されはじめた。当初は，家族全体のシステムに働きかけるというよりは，家族集団の力を利用して個人の問題を解決するという考え方であった。やがて，1950年代後半から60年代にかけて，新しい考え方に基づく技法が続々と発表されるようになった。なかでもアッカーマン(Ackerman, N.)の家族中心療法(Family Focused Therapy) (Ackerman, 1958)，ボウエン(Bowen, M.)の家族心理療法(Family Psychotherapy) (Bowen, M. 1961)，サティア(Satir, V.)の合同家族療法(Conjoint Family Therapy) (Satir, 1964)などが有名である。

亀口(2000)は，家族療法の歴史において1950年代を「発見の時代」，そして1960年代を「実践展開の時代」と呼んでいる。1959年には，サンフランシスコ，パロアルトにドン・ジャクソンが中心となってMRI(Mental Research Insitute)が創設され，1960年にはニューヨークにアッカーマン研究所(The Ackerman Institute)が創設されるなど，治療・研究機関の設立と実践が始まった。

1970年代には，米国における家族療法は大きく拡大と発展を遂げる。さまざまな対象へ適用されると同時に，家族療法の実践家の数が増大していった。こうした発展の背景には，精神分析を中心とする個人心理臨床家の訓練が医師や心理学者に限られ，また，長期間の骨の折れる研修を要求するのに対し，家族療法家の訓練がソーシャルワーカーにも開かれ，比較的短期間の研修で習得できること，また，個人心理療法を受けることに慣れない階層や地域のクライエントにも適用しやすいといった事情が関係していたと考えられる。また，この1970年代には，ミニューチン(Minuchin, S.)の『家族と家族療法』(Minuchin, 1974)の出版，パラツォーリ(Palazzoli, M.

S.)の『逆説と対抗逆説』(Palazzoli, 1978)の出版などにより，家族療法の主要な考え方がほぼ出揃う形となった。

1980年代以降，現在に向けての動きは，大きくまとめれば心理療法の「再統合」に対する関心といってよいであろう。ここでいう再統合には，二つの意味がある。ひとつは，家族療法内での考えの再統合であり，もう一つは，家族療法と個人心理療法の再統合である。

1980年代までに，家族療法と称されるなかには，さまざまな理論的な立場，技法が生み出され，それぞれの立場が一つの学派としてそれぞれの優位性を主張するという傾向があった。しかし，徐々にそうした学派間の境界は薄れていき，違いはアプローチのバリエーションとして認識される風潮ができていった。特に，1990年代に入り，草創期に活躍した大家の引退や死去が相次ぎ，この傾向に拍車がかかっている。

第二の統合は，どちらかというと個人心理臨床家の側からなされていると思われる。そもそも家族療法の主張には，ある意味で，個人の精神内界重視の傾向に対する批判が含まれており，それが心理療法として独自の立場を築く土台になった部分がある。しかし，クライエントの利益ということを考えるならば，個人に対するアプローチと家族に対するアプローチの併用は考えられてよいことである。この点についての理論的な考察という点では，アレン著『個人心理療法への家族システム・アプローチ』(Allen, D. M., 1988)は先駆け的な意味をもっている。さらに，近年では，ワクテル(Wachtel, P.)による統合理論の試みが注目を集めている(Wachtel, 1997)。またサリヴァンの対人関係論の系譜を引く子どもの心理臨床家たちも，関係論(relational theory)という観点から統合的なあり方を積極的

に模索している(Altman et al., 2002)。今後，こうした動きはますます活発になっていくのではないかと考えられる。

● ● 8-2 ● ●
家族療法の諸派

歴史的な展開を見ても分かるとおり，家族療法にもさまざまな立場があり，それぞれが独自の理論的強調点と技法を有している。ここでは，家族療法の諸派について，簡単に紹介する。

(1) ボウエン派

ボウエン(Bowen, M.)は，家族療法開拓者の一人であるが，彼の理論は精神分析の影響を強く受けている。行動よりも洞察を重視するという点で，行動主義的な色彩を持つ他の家族療法理論と違っている。

ボウエンが面接の中で最も重視する目標は，自己の分化(differentiation of self)である。人間には一方で他者と共存する欲求があり，また集団や社会は個人に大きな影響力を持つ。そのような欲求や影響の下で，自分自身であることを維持できるということが，ボウエン派家族療法の最も大きな目標になる。

ボウエンの理論では，面接の目標は，家族の三角関係を解きほぐし，取り込まれた個人を脱出させるとともに，その個人の自己の分化を促していくということになる。

(2) コミュニケーション派

ジャクソン(Jackson, D. D.)，サティア(Satir, V.)といった人々の

考えは,総じてコミュニケーション理論家,あるいはコミュニケーション派と呼ばれるグループのなかに入れられることが多い。

コミュニケーション理論の主張を簡単に要約すると,まず,人間は言語によるか,行動によるかを問わず,すべてにおいてコミュニケーションをせざるを得ない存在である。そして,コミュニケーションには,伝達される内容とは別に,その場の関係が規定する異なった水準のメッセージが存在する。それをプロセス,あるいはメタ・コミュニケーション(meta-communication)と呼んでいる。コミュニケーション理論に基づく家族療法家は,家族が訴える問題,つまり表のメッセージに対処するだけでなく,その背後に潜んでいるメタ・コミュニケーションに関心を向け,その機能不全のあり方を家族に気がつかせていくよう援助する。

ドン・ジャクソンは,統合失調症者の家族全体にかかわりながら,そこでみられた変化に抵抗しようとする家族の力を,家族ホメオスタシス(family homeostasis)と名づけた(Jackson, 1957)。ジャクソンによれば,問題を起こしている家族は,変化に対応できる柔軟なルールを持っていない。その改善のためには,家族がもっている暗黙のルールを明確にし,それを徐々に柔軟なものに作り変えていかねばならい。そのために,面接者は積極的に家族の中に割り込んでいき,家族システムを動揺させるように介入する。

ジャクソンが認知的な側面を重視するのと対照的に,サティアは人間の感情に焦点を当てた家族療法の実践家である。彼女は,前提となる理論部分に関しては,ほぼジャクソンや,ヘイリーに準拠しているが,コミュニケーションを感情との関連で捉えているところに特徴がある。

サティアにとって,健康な家族とは,情緒,感情,愛情といった

ものを率直に共有しあう家族である。逆に，機能不全に陥った家族(dysfunctional family)では，コミュニケーションにおいて，誰かの感情が置き去りにされる。そして，そのおおもとには貧弱な自己概念，低い自己評価が関与しているという。両親のコミュニケーションが貧弱であった場合，あるいは両親のコミュニケーションが子どもの価値をおとしめるものであった場合，子どもは豊かな自己像をもつことができず，またコミュニケーションの力が育たない。自分や他人の感情をあるがままに感受し，それを報告したり，それに基づいて主張したりすることができないのである。それは子どもと両親の関係を，分離できない融合的なものにしてしまう。

　面接においてもサティアは，まず家族メンバー一人ひとりの感情に関心を向ける。それぞれが傷ついているとすれば，その傷つきの原因よりも傷ついた感情に寄り添うようにする。そして徐々に家族全体を面接に引き込んでいく。このようにして家族のコミュニケーションを共感的に促進していくように努めるのである。

(3) 戦略的家族療法(strategic family therapy)

　戦略的家族療法として挙げられる家族療法家はヘイリー(Haley, J.)である。彼は，コミュニケーション理論化のジャクソンやサティアと同じく，ベイトソンの影響を受けながらMRIで研究した一人であり，コミュニケーション理論派としてみなされる場合もある。しかし，ミルトン・エリクソン(Erickson, M. H., 以下 M. エリクソン)のスーパーヴィジョンを受けたヘイリーは，短期間で効果をあげる戦略的心理療法という立場を打ち出し，その流れはブリーフ・セラピーという独立したコンセプトを形成するようになった。

　ヘイリーが師として仰いだM. エリクソンは，伝説的に語られる

卓越した催眠療法家である。公開の場で，最も抵抗の強い人を選び，催眠によって劇的な症状治癒を引き起こしてみせるといった逸話が，数多く残っている。しかし，彼が心理療法の歴史のなかで重要な存在となるのは，それまでの催眠技法と一味違う，さまざまな技法の考案を行ったことによる。それまでの催眠が権威的な働きかけによって成立していたのに対し，彼は，より自然な会話の中で，知らず知らずのうちに催眠に誘導するといった技法を数多く生み出した。また，その延長上で，催眠を含まずに，相手の抵抗に対処しつつ，症状行動そのものを利用しながら変化を引き起こさせる技法を発展させたのである。

　数々の革新的な技法を生み出しながらも，M. エリクソンはそれらを理論的に基礎づけるということはしなかった。そして彼の技法の意味を，多くの人々に理解できるように整理し，解説する役割を果たした一人がヘイリーであった。ヘイリーの基本的な考え方には，関係はコミュニケーションのなかで生まれ，コミュニケーションには種々の意味水準が存在するという，コミュニケーション理論家たちの基本前提がある。彼が特に注目するのは，人々の関係のなかで進行する力(power)をめぐる闘争，そしてその闘争の中で使われる戦略(strategy)であった。彼によれば，人間関係は力をめぐる抗争と定義でき，そのなかで力関係を限定しようとする試みが相互に繰り返されるという(Haley, 1976)。

　コミュニケーションも，力関係という点から定義される。コミュニケーションには，言われた内容という第一水準と，内容を意味づける第二の水準，メタコミュニケーションが存在する。この第二水準のコミュニケーションは，関係を限定するために使われる。家族関係はこの力をめぐる闘争の場と理解することができ，病理的な家

族は，第一水準と第二水準のコミュニケーションが一致しない。そして問題を引き起こす子どもは，こうしたずれの中で崩壊に向かう家族を，なんとか崩壊させずに引きとどめようとする動きであると捉える。このように個人の精神病理は，家族全体のシステムのなかでとらえられ，面接者が扱うのはこのシステムの病理であるとヘイリーは考える。

(4) ミラノ派（システミック派）

パラツォーリ(Palazzoli, M. S.)を中心とする4人の精神科医からなる一派が1970年代になって，ベイトソンのシステム認識論を最も忠実に臨床的文脈に持ち込んだ。このグループがイタリアのミラノで生まれた。中心人物はパラツォーリで，もともとは精神分析的な方向付けを持っていたが，システム論的なアプローチに移行していった。

彼らは，ベイトソンのシステム認識論やMRIのコミュニケーション理論を取り入れ，臨床場面に応用し独創的な家族療法の理論と技法を生み出した。

彼らの見解では，家族成員の行動は，症状も含め，すべて他の家族成員に対するメッセージであると理解される(Palazzoli, 1978)。例えば，子どもに非行の問題があるとすると，それは非行をする本人の内的な問題であるととらえるのではなく，他の家族に対するメッセージであるととらえる。このメッセージは家族の他の成員に受け取られ，何らかの行動がひき起こされる。例えば，母親が子どもを心配し，監視して干渉する。すると，子どもはますます母親を煙たがり，反抗的な行動を続けるようになる。このように行動がさらに別の行動を引き起こすという形でパターン化された連鎖の円環が

作り出される。そのようなかたちでシステムの平衡状態が維持される。つまり、個人の症状や問題行動は、その個人の内的な問題や属性ではなく、家族内システムの中で生み出されるメッセージであると理解される。このようなシステム論的な見方を強調するために、システミック・アプローチ(systemic approach)と呼ばれている。

　面接の技法という点でも、ミラノ派は、家族システム全体にアプローチするという点で徹底している。面接は必ずチームで行われ、面接者が家族と面接する間、残りのメンバーは観察窓から様子を見守り、面接室内の面接者にインターフォンで指示を出したりする。

　インターベンションの段階で家族に与える処方に関して、ミラノ派では特に重視している原理がある。それは肯定的意味づけ(positive connotation)と呼ばれるもので、問題視されている症状を、家族の恒常性維持にとってはむしろ有意義なものであるとして、もっと続けるように指示するのである。このやり方には逆説的な面がある。つまり、症状は家族システムの維持に肯定的役割を果たしていると認めて、家族に対して逆に症状が続くように勧める。家族は困惑するが、その動揺がこれまで繰り返されてきた家族の関係や交流のパターンを逆に壊し、新たな家族システムの再編成を促すきっかけになるのである。

(5) 構 造 派

　構造的家族療法(structural family therapy)(Minuchin, 1974)は、システム論に基づく家族療法のなかで、システムの構造に重きを置くグループである。構造とは、ある程度の恒常性をもった形態を意味する。家族というシステムのなかにそうした構造があり、その構造のありようが問題と密接に結びついていると考えるのである。

創始者であるミニューチン(Minuchin, S.)は，ニューヨークの児童施設に勤め，低所得階級の黒人非行少年に数多く関わった。そこで彼は，本人だけでなく家族に対して働きかける必要性を強く感じ，チームで観察しながら家族にアプローチする技法を開発していった。

彼が，最初に注目したのは，問題を抱える家族にみられる，家族成員間の絡み合い(enmeshment)と遊離(disengagement)であった。絡み合っている関係とは，混沌としながら両者がもつれ合うように強く結びついている状態であり，遊離している状態は，逆に，切り離され，ほとんど関わりあっていないように見える状態である。

ミニューチンは，こうした家族成員間の関係だけでなく，家族システムの下に作られるサブシステムの構造に注目する。典型的な核家族の中にも，夫婦，親子，同胞といったサブシステムが形成される。このサブシステム間に本来あるべき境界線が，不明瞭になったり，侵犯されたりする場合も，問題が引き起こされる。

システム内の問題は，家族成員間の提携の仕方にもあらわれる。三角関係化(triangulation)とは対立する夫婦がそれぞれ1人の子どもを自分の味方につけようとして，間に立つ子どもがどう動いてよいかわからず，感覚が麻痺してしまうような場合をいう。逆に，両親共に子どもを問題児として困ったり，弱い子として保護したりすることで，潜在的に抱える夫婦間の葛藤を隠蔽し，かりそめの調和を生み出すことを迂回(detouring)と呼ぶ。堅固な連合(stable coalition)は，一方の親と子どもが強固な連合関係を築き上げ，もう一方の親を攻撃したり，拒絶したりする場合を言う。

こうした関係の問題に加えて，システムをうまく機能させる指導的な力が欠けている場合(機能的な力の欠如)や，家族内の提携の仕方に一貫性がなく，境界が未分化で，勢力構造に柔軟性がないとい

った場合(組織化の不足)も問題になる。

ミニューチンはこうした問題を含む家族に対して，独特の技法を発展させている。その大きな特徴は，面接者が家族の相互作用に参入することである(ジョイニング(joining))。そのために面接者は，家族特有の言葉遣いや，考え方，価値の置き方などを注意深く観察し(トラッキング(tracking))，共有される暗黙のルールを受け入れそれに合わせていく(調節(accommodation))。このようにして参入が行われた後，問題とされる家族成員の行動について，家族のとらえ方とは違った枠組みからのとらえ方をする(リフレーミング(reframing))，面接場面の中で，それまでとは違ったパターンを試したり，逆に，悪いパターンをわざとやってみる(エナクトメント(enactment))という技法を使って，家族システムの再構成を狙うのである。

8-3
おわりに

以上，見てきたように，家族療法としてくくられるもののなかには，さまざまな理論的・技法的立場がある。紹介したもの以外にも，行動療法の原理を使用して，夫婦や家族の問題を解決しようとする行動派のアプローチや，家族を取り巻くコミュニティのシステムという点から分析する社会的ネットワーク派といったものもある。

心理療法の面接という観点から，他の心理療法との違いを考えてみると，家族療法的なアプローチが共通して強調してきた独自のポイントは「観察」である。

精神分析的な心理療法をはじめとする個人心理療法場面では，面接の多くの時間は，クライエントが語り，面接者が聞き取るという

形で進められる。面接者の注意は，クライエントの語りに向けられるのである。それに対して，家族療法の面接場面では，参加する家族成員それぞれの語りだけでなく，誰がどのような順序で，どのように語るのか，それに他の家族成員がどのような反応を示すのかといった，行動レベルも含めた家族内の相互作用のあり方の観察が重要な情報源となる。

家族療法面接の技法が強調する，もう一つのポイントは，面接場面のコミュニケーションの多次元性とでも言うべき点である。心理療法における，面接者の言語的な介入は，通常，面接者が理解するところに従って，一定の内容をクライエントに伝えようして行われる。そこで語られる内容は，面接者が伝えようと意図することであると，普通は理解されている。しかし，多くの逆説や比喩を含む家族療法家の言語的な介入を見ると，クライエントに伝わる内容は，必ずしも，字義通りの言葉の意味とは限らないと言うことがわかる。このコミュニケーションの別の水準を考慮に入れることによって，面接者の介入の方法の可能性を，広げることができるし，相互のやりとりが何を意味するのか，より深い次元で理解ができるようになる。これらの諸点を検討できる形でとりあげたのは家族療法家たちの大きな貢献であろう。

◖まとめ◗
❏ 1950年代より家族に働きかける心理療法が考案されはじめ，以後さまざまな理論や技法が生み出されていった。
❏ ボウエン派は，精神分析的な考え方に一番近く，家族の依存関係に呑み込まれずに，個人の自己が分化していくことを重視した。
❏ コミュニケーション派は，家族間でなされるメタ・コミュニケーションに注目し，家族が共有する暗黙のルールや，個人の感情を置き

去りにする機能不全のコミュニケーションを改善しようとする。
- ❏ 戦略的家族療法では，コミュニケーションの第二水準で繰り広げられる力をめぐる闘争や，闘争に使う戦略に注目する。
- ❏ ミラノ派（システミック派）は，家族を一つのシステムととらえ，問題行動はシステムの平衡状態を維持するためのメッセージであると考える。介入の技法としては，問題となっている症状をわざと続けさせるといった逆説的な方法が用いられる。
- ❏ 構造派は，家族内のサブシステムの構造，家族成員間の提携の仕方などに注目する。面接場面では，家族間の相互作用に積極的に参入し，リフレーミングやエナクトメントといった技法を使って家族システムの再構築を試みる。

◀より進んだ学習のための読書案内▶

リン ホフマン／亀口憲治（訳）（2000）．家族療法の基礎理論　朝日出版社
　　☞ 家族に関する幅広い理論的考察と，家族療法諸派のアプローチを網羅した本。

◀課題・問題▶

1. 家族間のコミュニケーションに着目するコミュニケーション派，戦略的家族療法，ミラノ派に比べ，ボウエン派と構造派にはそれぞれどのような特徴があるか簡潔に述べよ。
2. 自分の属する小集団，例えば，クラス，クラブ，家族などを一つ例にとり，その集団の構造やコミュニケーションの特徴を考えてみよう。

9章

子どもの心理療法

遊びを介したかかわりの有用性

◀キーワード▶
並行面接，児童分析，遊戯療法，自我心理学，無意識的な空想，対象関係論，妄想分裂ポジション，抑うつポジション，性欲動，攻撃欲動，非指示的遊戯療法，感情の認知と反射，遊戯療法の8つの原則，遊びの変化促進的要素，実験，習得，自我同一性，自己同一性，移行現象，セラピストという人間が関わる要素，欲求を受け止める存在，修正的な対人体験，新しい対象，体験を統合する背景，自尊感情，自我の強化

　本章で扱うのは，子どもを対象とする心理療法である。
　子ども時代が，他の発達区分と決定的に異なるのは，自分で決めるという自己決定権が大人に比べると制約されているという点である。例外なく，子どもは，誰かに育てられている。心理療法に関していえば，その開始，継続，終結は，保護者の合意がなければ成立しない。したがって，心理臨床家は保護者との間で，これらの事項について協議しなくてはならない。開始に当たっては，その子どもの何が問題になっているのか，なぜ心理療法が必要なのかを話し合い，心理療法を受けさせるための条件を整えなければならない。継

続中には，子どもの普段の様子について報告を受け，心理療法の進行状況を把握する必要がある。

　子どもの状態は，親子関係，家庭の環境に大きな影響を受ける。したがって，子どもの心理療法においては，親や家族に対するガイダンス，並行面接，家族療法など，何らかの形で親に対する援助的なアプローチが求められる。ときには，子ども自身との面接以上にそれらが大きな意味を持つ場合すらある。この点も子どもの心理療法の特徴である。

　子どもの心理療法の歴史，特にその理論的な発展をたどると，ほぼ成人の心理療法の歴史と重なっている。子どもの心理的な問題に対するアプローチには，精神分析理論，クライエント中心理論，行動理論（認知・行動理論），家族療法理論が適用されるが，それはまぎれもなく心理療法の代表的なアプローチである。

　精神分析的なアプローチでは，子どもが遊びの中で表現する内容から，子どもの精神内界の葛藤を読み取り，それに対して言語的な介入を行うことによって面接を進めていこうとする。クライエント中心的なアプローチは，面接の構造は精神分析的なアプローチと似ているが，子どもの遊びそのものに自己表現的な要素があることを強調し，象徴的意味の解釈よりも，遊びを通した自己表現を保障することを重視する。行動理論によるアプローチは，問題の背後にある心理的なダイナミックではなく，問題となる行動に焦点を絞り，学習理論に基づいてその修正を図る。家族療法的なアプローチでは，子ども本人よりも，子どもを取り囲む家族のシステムに関心を払い，そのシステムの変容によって子どもの問題を解決しようとする。

　いずれにしても子どもに直接アプローチする場合，子どもの言語表現能力は大人ほど十分ではないという現実がある。したがって，

45分なり50分なりという面接の時間を，面接者との対話だけで過ごすことには無理がある。子どもはそのような話し合いに興味をもたないし，また話し合いによって自分の気持ちや考えを表現する力を十分に持たない。したがって，面接者は，子どもの心理療法において，対話に代わるかかわりのツールを探さなくてはならない。このことが子どもの心理療法のもう一つの大きな特徴である。本章では，そのツールの代表格である遊びを用いた子どもの心理療法について解説する。

9-1 遊びを用いた子どもの心理療法：歴史的な三つの立場

　遊びを用いた心理療法は，通常，遊戯療法(play therapy)と呼ばれる。ただこの呼称には，学派的な色合いがある。そもそも，子どもに対して心理療法を適用する試みは，精神分析のなかで生まれた。なかでも中心的な役割を取ったのが，フロイトの末娘であり，自我心理学の発展に寄与したアンナ・フロイト(Freud, A.)(以下 A. フロイト)と，英国対象関係論を切り開いたクライン(Klein, M.)である。彼女たちの技法は，成人の精神分析を子どもに適用するという視点から生まれ，児童分析(child analysis)と呼ばれていた。

　こうした流れとは別に，遊びそのものが子どもの自己表現であり，それを最大限受容しようとする立場が，クライエント中心療法の立場から生まれた。それがアクスライン(Axline, V.)の遊戯療法(play therapy)である。

　現在，日本で行われている遊戯療法には，アクスラインの影響が強く，精神分析的なセラピストはそれほど多くない。しかし，分析

的な解釈は行わないにせよ，子どもの遊びの内容を理解するときには分析的な考え方を利用するという面接者は少なくない。そこで，ここでは遊戯療法をアクスラインの立場に限定するのではなく，A.フロイトやクラインの精神分析的なスタンスも含めて，子どもの心理療法において遊びをどのように利用するのか整理しておく。

(1) アンナ・フロイト

子どもの心理療法の歴史は，まず精神分析の流れのなかで起こった。フロイトの末娘で，精神分析家となったA.フロイトは，フロイトの理論を子どもに適用した。大人と違って，自我の発達が未完成である子どもに対して，どのようにして精神分析の技法を適用するかは大きな問題があった。子どもは大人と異なり，自分の問題を自覚し，その解決のために精神分析を受けるという判断や意思を示すことが難しい。また子どもの自我の未熟さを考えると，無意識の素材を明るみに出すような解釈は，子どもにとって役に立たないばかりか有害であることさえある。

そこで彼女は，子どもにかかわる場合には，子どもと友好な関係を築くことに時間をかけ，教育的な働きかけを用いながら自我の強さを増していくことからはじめた。無意識に触れる解釈は，子どもとの信頼関係を確立し，子どもが内的な探索を行う準備が整ってから行うべきだと考えた(A. Freud, 1974)。

準備期間に面接者が取り組むべきことについて，彼女は具体的にいくつも例を挙げながら述べている。例えば，子どものそのときの気分に調子を合わせながら，子どもがとるとっぴな行動にも順応し，子どもにとって面接者が魅力的な技能や力を持っていることを示していく。そして刺繍をしたり，ぬいぐるみで遊んだりと，子どもの

主導権のもとで，子どもの遊びに付き添っていく。

　準備段階が終わると，分析作業に入る。A. フロイトの場合，分析作業の段階は，大人の精神分析と同じように，基本的には言語的なやり取りを中心に進められる。面接者は子どもが抱いている無意識の不安や葛藤を解釈し，それを軽減させていくように働きかける。解釈の内容は，エディプス葛藤に関するもの，自慰に伴う罪悪感，かまってくれない母親に対する怒り，人から好かれていないという不安などさまざまである。こうした作業を進める上で，子どもが見る夢，白昼夢，描画をしながら子どもが作る話を利用している。

　A. フロイトは子どもの分析において，転移的要素の解釈は慎重であるべきだと考えている。まず，子どものセラピーの場合は，大人と違って，子どもはセラピストに対して一貫した転移的な反応を示さない。その理由として，第一に，子どもにとって親はいまだに依存すべき愛着対象として影響力が強く，子どもは親に対する気持ちを面接者に移しかえようとはしない。子どもが面接者に敵対的な態度を示すとすると，それは親に対しての敵意を面接者に移しかえているというよりは，愛着している母親から引き離されることに抵抗している可能性のほうが高いと A. フロイトはいう。第二に，子どもの心理面接において，面接者は中立的ではいられない。子どもに興味をもたせたり，子どもの要求に応えたり，子どもに何かを教えたりしなければならない。大人と違って，転移を受ける無色のスクリーンになれないというのである。

　A. フロイトの児童分析は，子どもの発達的現実をよくとらえており，子どもの心理療法を考える上で，実践的に役に立つことがらを数多く含んでいる。また，分析の作業の中で，子どもの内的世界を理解するために，描画や白昼夢(子どもの空想的なお話)を手段と

して用いているという点では，遊戯療法としての性格を有してないとはいえない。しかし，分析と準備段階という二分法のなかで，遊びは分析に至るまでの補助的な位置に置かれている。しかも，子どもの遊びの中に，象徴的な意味内容を読み取るという手法に対しては，慎重な姿勢を示している。その点で，遊びそのものが持つ発達促進的な価値や，分析素材としての価値は，十分に掘り起こされているとはいえない。

(2) クライン

　精神分析を子どもの面接に適用しようとしたもう一人の立役者は，クラインである。彼女も，A. フロイトと同じように，子どもが自由連想をうまく使えないという認識から出発した。そこで彼女が注目したのは遊びであった。遊びは，子どもが，生活のなかで最も関心を注ぎ込むものであり，面接者という大人が子どもと時間を過ごそうとするときに，最も有効な媒介物となる。クラインは，この子どもの遊びを観察し，解釈することによって，子どもの無意識的な願望と不安に接近できると考えた。

　クラインのアプローチは，A. フロイトとまったく対照的なものであった。A. フロイトが分析の準備段階が必要と考えたのに対し，クラインは第一回目の面接場面から解釈が可能であると考えた。子どもは分析の解釈に活発に反応するし，直接的な解釈によって不安は減じることができるので，最初から分析作業を進める方が子どもの面接への参加動機を高めることができるという。しかも解釈する内容は，クライン独自の理論に基づく，最も深い無意識の内容であった(Klein, 1932)。

　このように子どもに対しても無意識の内的世界について解釈する

わけだが、クラインにとって、その素材を提供してくれるのが子どもの遊びであった。彼女によれば、遊びは子どもの無意識的空想を表現するもので、大人の夢や自由連想に匹敵する。また玩具は子どもの両親や兄弟など家族を表していたり、破壊や性行為を象徴していたりするととらえられる。例えば、子どもが遊んでいた玩具を壊してしまい、それをあわてて棚にしまったとすると、それは両親や兄弟を傷つけてしまい、報復を恐れたのだと解釈される。その後、子どもが思い出したようにそれを出してくるとすると、子どもの迫害的な不安は緩和されてきたのだと解釈する。

転移についての考え方についても、クラインはA. フロイトと反対の立場をとる。分析場面での子どもの態度は、子どもの両親に関する無意識的な空想を反映していると考えられるので、転移はいたるところで起こっており、それを解釈することで精神分析本来の仕事ができるし、そうすべきであるとクラインは考える。こうした考え方の違いには、両者の転移についての考え方の違いが反映されている。A. フロイトにとって転移とは、両親に対する感情や態度が、分析家に対して向け返されるという特定の状況を指す。転移が起こっている状況と、そうでない状況が区別されるのである。それに対して、クラインは、子どもの遊び、面接者への態度の背後には、両親に関する無意識の空想があるので、転移は常に存在していると考えられる。

クラインはこの児童分析の開拓と並行して、独自の精神分析理論を作り上げていく。彼女の転移概念を支える両親に関連する無意識的な空想という考え方が、彼女の理論の骨格部分をなすことになる。彼女は、この空想に含まれる両親像は、現実の両親を反映する部分はあるが、本体は子どもの本能欲動が作り出す内的な対象であると

考える。この内的な対象との関係を軸に、子どもの発達と、精神内界の様子を理論化したため、彼女の理論は対象関係論(object relations theory)と呼ばれている。

子どもの欲動に関する見解において、クラインはいくつかの年代で強調点を推移させている(Greenberg & Mitchell, 1983)。研究の初期の段階では、彼女は性的欲動を強調し、しかも性愛的な要素が発現するのは、フロイトが述べたエディプス期よりももっと早く、発達の早期段階に始まると主張した。その後、彼女の着目点は、子どもの攻撃的な欲動に移り、母親の幻想上の破壊と、その償いというテーマが追求されるようになる。いずれの場合も、フロイトの理論に忠実であるとしながら、それをかなり大胆に拡張したものである。さらに後期になると発達段階と心的な機能水準の要素をあわせもつ、妄想分裂ポジション(paranoid schizoid position)、抑うつポジション(depressive position)といった概念を発展させた。最晩年には、乳児段階の羨望をテーマに論を展開している。

彼女が児童の分析で解釈する内容は、彼女の対象関係理論の仮説に直接対応する内容である。つまり、本能的な性欲動や攻撃欲動を軸に展開される内的対象とのかかわりの世界について、クラインは直接言語的に子どもに説いて聞かせる。例えば、子どもが二つの玩具をぶつけ合っているとすると、それは両親の性交を意味すると解釈され、あるいは、玩具に対する子どもの攻撃は、母親を攻撃し破壊しようとする衝動を表現しているといった解釈がなされる。

クラインの過激とも言える遊びの内容の解釈は、現実から遊離した恣意的な解釈であると批判を受けることがある。しかし、子どもの遊びに象徴的な意味を見出し、それを分析の素材として用いるというアプローチは、後の遊戯療法の展開に大きな影響を与えたとい

える。

(3) アクスライン

アクスラインは，シカゴ大学のカウンセリング・センターで，クライエント中心療法の創始者ロジャーズ(Rogers, C.R.)に指導を受け，独自の面接技法をうち立てた。彼女のアプローチは，当時のロジャーズの理論に基づいて非指示的遊戯療法と呼ばれたが，その後，クライエント中心(client-centered)もしくは子ども中心(child-centered)といった言葉が用いられるようになった。

ロジャーズの主張は，すでに述べたように，クライエントに内在する実現傾向を信頼し，共感を基盤に受容的な態度で接することにより，クライエントに成長と変容が生まれるというものであった。アクスラインは，このロジャーズの考え方に従い，子どもの自己実現へ向けての動きを促進させ，育てていくような成長の場所を提供するのが遊戯療法の場であると考えた。この成長の場は，叱ったり指導したりすることではなく，暖かく子どもを受け入れ，尊重し，許容することによって実現されると考えた。

アクスラインによれば，子どもにとって遊びは自己表現の自然な媒体であり，緊張感，欲求不満，不安定感，攻撃性，恐怖，当惑，混乱などを表現する機会を提供するものだという。この自己表現を通して，子どもは自分の気持ちに直面したり，それを統制したり，それを捨てたりすることを学習する。面接者の受容的な態度のもとで，子どもは遊びによる自己表現の範囲を広げ，それが肯定的に受容されることで，子どものパーソナリティが拡張されていくとアクスラインは考えた。

このようにアクスラインは，遊びを通して子どもは自己の内面を

表現すると考えたが, 解釈することに対しては否定的である。解釈は, 仮に当たっていたとしても, 子どもの先回りをすることになり, 子どもにとって助けとならないと彼女は考えた。むしろ面接者がすべきことは, 子どもが表現している感情をとらえ, それを子ども自身に返していくことであるという。感情の認知と反射と彼女が呼ぶこのプロセスが, 遊戯療法の最も重要なかかわりになるとアクスラインは考えている。

　一つの例を, 彼女自身の記述から挙げてみよう。家族人形で遊んでいる6歳の子が, 男の子の人形を取り出し, 母親の人形が嫌がる男の子を無理やり流砂のあるところに追い出そうとしている場面を演じたとする。アクスラインによれば, この遊びから,「あなた(クライエント)が感じている恐怖を, お母さんは理解せず, ますますあなたを怖がらせている」と解釈したら, それは行き過ぎで, そのような解釈は, 何かを子どもに押し付けることになるという。あくまでも「この人形が母親人形に追い出されようとしている」ということをクライエントに伝え返すべきだという(Axline, 1947)。

　アクスラインは自身の遊戯療法の考え方を, 8つの原則(Axline, 1947)としてまとめている。以下, 順番にあげると, 次のようになる。

① よい面接関係(rapport)を成立させる。
② あるがままの受容(acceptance)を行う。
③ 許容的雰囲気(feeling of permissiveness)を作る。
④ 適切な情緒的反射(emotional radiations)を行う。
⑤ 子どもに自信と責任をもたせる。
⑥ 非指示的態度をとり, 面接者は子どもの後に従う。
⑦ 治療はゆっくり進む過程であるから, じっくり待つ。

⑧ 必要な制限(limitation)を与える。

なお、最後の制限設定は、それ以外の要素と対立するように見えるが、子どもの安全を守り、かつ有効な面接の場を作るためには、この点が重要な役割を果たすとアクスラインは考えている。

遊びは子どもの自己表現の媒体であると考えるアクスラインの立場は、遊びを治療的介入の準備段階ととらえるA. フロイトと異なり、遊びを治療的介入の本質的な要素として位置づける立場である。しかし、その一方で、アクスラインは子どもの遊びを解釈することについては反対している。面接者の役割はあくまでも、子どもの自己表現に付き添い、子どもが表現するありのままを反射することであるとする。こうした彼女のアプローチは、広く普及することとなる。彼女の8原則は、子どもと関係を築く上で、基本となる要素を網羅している。しかし、問題が複雑な事例において、こうした原則だけで面接効果を生むことができるのか、また、解釈を一切排除するという態度が、どのような意味を持つかを検証する必要があるであろう。

9-2 遊戯療法における変化促進的要因

子どもの心理的面接について、特に遊びの位置づけをめぐって3つの立場を紹介したが、現在遊戯療法を行っている者は、このどれかに属するというよりは、それぞれの要素を取り入れながら子どもとの面接に望んでいると言えよう。さらに遊戯療法が子どもの変化を促す力となる理由は、まだいくつかある。ここでは、それらについて、①遊びそのものが持つ要因、②面接者という人間がもつ要因

の両面から述べておく。

(1) 遊びがもつ変化促進的要因

A. フロイト，クライン，アクスラインの遊びについての見解は，遊びを関係作りに用いる，遊びを象徴解釈の素材にする，遊びを通した子どもの感情表現を受容する，という3つの立場に要約できる。しかし，そもそも遊びというものが子どもにとってどのような意味を持っているのかという点が議論され，その中で遊びそのものが子どもの精神発達にとって重要かつ不可欠なものであるということが指摘されるようになった。こうした指摘は，遊戯療法において遊びそのものが変化を促す効果をもつということの根拠となっている。

遊びの意味について，最も詳しく考察を行った一人は，エリクソンであった。彼は，初期の論文で遊びの中心的な機能について，次のように説明している。

「(遊びは子どもに対して)器官様式(organ mode)を，自分の体の外のものを利用して行使してみる機会を提供する。それは，生理的に安全で，社会的に許容され，身体的に行使可能で，心理的に満足が得られる状況下での実験であるといえる」(Erikson, E.. H., 1937, p.185)。

器官様式とは，フロイトが唱えた各リビドー発達段階に中心的な役割を担う身体器官の機能様式を意味している。例えば，口唇期であれば摂取するという機能，肛門期であれば保持と排泄のコントロールといったことが，性感帯と称される各器官の機能である。子どもにとって遊びは，そうした機能を器官とは切り離して実行してみる機会を提供する。

例えば，ある子どもが，積み木を持ち上げ，それを高いところにかざし，じっと持っていたかと思えば，ある瞬間にぱっと手を離し，積み木を下に落とすという遊びを繰り返していたとしよう。積み木を保持し，ある瞬間に手放すという遊びは，肛門部位の保持と排出という機能を，自己の身体そのものを使うのではなく，周りにあるものを使ってくりかえし実験し，習得する機会を与えてくれる。しかも，積み木という素材は，生理面の害がなく，社会的に禁止されることなく，身体的に実行可能で，心理的に満足感を得られるという点で，格好の素材なのである。

　エリクソンによれば，遊びは欲求，能力の限界，社会からの要請といった子どもが直面するさまざまな課題を，安全な場面で試行錯誤しながら習得(master)していく方法であるととらえられる。この習得(mastery)という観点は，糸巻きを何度も投げる乳児の遊びを，母親が見えなくなる不安を克服する試みとしてとらえたフロイトの指摘以来，遊びの機能として重要視されてきた。そして，遊びに心理的外傷や葛藤を克服する力があるという見解は，子どもの心理療法の中で遊びを用いる重要な根拠となっている。

　ところで，エリクソンの器官様式という初期の考え方は，フロイトのリビドー発達論の影響を強く受けている。彼は後にこの概念をより対人関係の文脈でとらえるように拡張し，社会的な役割と自我同一性(ego identity)との関連に重点を置くようになる。つまり，遊びによって子どもは，大人がする行動を，その社会の価値観に対応する形で実行してみる機会を得る。それは，大人から許される活動範囲と，自己の能力の限界のなかで，知覚できる大人の社会的役割を演じることであり，それによって子どもは自己同一性(self identity)の感覚を強めていくというのである。

こうした見解とは別に，対象関係論の文脈から，遊びの意味についてユニークな論を展開したのはウィニコットであった。彼は，遊びを，他者との関係で自己が発達する過程を促進するものであると考えた(Winnicott, 1971)。彼は，外的な現実の物理的世界と，内的な心的現実との微妙な相互作用について考察し，それを移行現象(transitional phenomena)と名づけた。彼によれば，遊びはまさにその延長上にあると考えた。ウィニコットはこの起源を，世話をしてくれる現実の母親の働きかけと，その世話を生み出しているのは自分だという乳児の錯覚との，微妙なかかわりあいに見出している。遊びはまさに，この延長上にあるもので，子どもはそれによって，外的な現実と心的な現実とのうつろう世界を作り出すことができる。

　ウィニコットは，遊びの楽しさは，本能欲求の興奮が過剰にならないことによって得られるという。しかも，遊びの楽しさは，欲求の発散ということ自体にあるのではなく，むしろ，心的な現実と外的現実の間の空間にとどまりながら，両者の要素を利用するという子どもの創造的な能力によって生じるのだと考えている。

(2) セラピストという人間がもつ変化促進的要因

　遊戯療法においては，遊びそのものが援助的な力をもつ一方で，面接者の存在そのものが果たす役割が大きい。それは，子どもの感情を解釈したり，あるいは受容したりするということにとどまらない。パイン(Pine, F.)は大人の精神分析において何が変化促進的な要因になるのかと論じ，言語的な介入に対比させて面接者との出会いの関係的側面について考察している。彼の考えは，欲動，自我，対象関係，自己体験という4つの心理的領域を参照枠として整理されたものである。ここで要約すると，タブーとされる欲求の表現

が受けとめられること(欲動心理学)，新しい修正的な対象関係を提供するということ(対象関係心理学)，クライエントの内的体験の統合を支える背景的存在になること(同じく対象関係心理学)，クライエントの自己価値を高める作用(自己体験の心理学)，そして伝えようとする努力が高次の自我組織を促すこと(自我心理学)などが挙げられている。パインの挙げた変化促進的要因は，成人の精神分析と多少かたちは異なるにしても，どれも子どもの心理療法に内在するものといえる。ここでは，それらについて考えてみたい。

① 子どものさまざまな欲求を受けとめる存在

遊戯療法において，面接者が示す許容的な態度は，子どもがタブーとして恐れているさまざまな自己の欲求を表現する機会を与える。成人の精神分析では，それは言語によって話し出されるが，子どもの場合は遊びという行動を含んだ表現が中心となる。家庭や学校でその子どもが表現できないでいた葛藤含みの欲求や，やや退行した幼児的な欲求が，玩具を使った象徴的な表現や，面接者に対する態度や要求を通して表現される。面接者はそうした欲求の受け手となり，善し悪しの判断で裁くのではなく，子どもが適応的な形でそうした欲求を手なずけていける道筋を探索する。こうした面接者の態度が，遊戯療法の変化促進的要因と考えられる。

② 修正的な対人体験を提供する存在

親の不適切な養育態度や，家族関係，養育環境上の負因などによって，対人関係の歪みや不足を抱えてきた子どもにとって，面接者との人間関係はその歪みを修正したり，不足を補ったりする機会となる。面接者が子どもにとって新しい対象(new object)であるという議論は，まさに子どもの心理療法の知見から見出されてきたことである(A. フロイト，1965)。また，遊戯療法場面は，行動次元の

表出を伴う関係の場であり，そこに子どもは歪んだ対人関係の持ち方をダイレクトに持ち込んでくる。面接者はそれに応じ，時には対決しながら，子どもの関係のとり方を修正していく機会を得るのである。

③ 体験を統合する背景的存在

面接場面において，面接者がそこに存在するということ自体が，援助的な要素を持っている。これは，面接者が子どもに対してどのように振舞うか，どのように言葉を発するか，どのようにかかわりを持とうとするかといったことと，異なる次元の要素である。「する(do)」ではなく「いる(be)」というあり方と言い換えることもできる。こうした要素は，通常余り意識されることはないが，子どもが内的体験を統合する際の背景として機能し続けていると考えられる。

④ 子どもの自尊感情を高める存在

子どもの心理療法において，面接者は子どもとの信頼関係を維持し，子どもを見守り，子どもの達成を喜び，子どもの失敗を慰め，子どもが挑戦することを勇気づけようとする。子どもにとって，このような姿勢で接してくれる大人と，安定した持続的な関係を持つことは，自尊感情を高める重要な源の一つとなる。また，子どもにとって面接者は，憧れや尊敬の対象でもある。理想化される対象となることで，子どもの自尊感情は高められる。子どもの自尊感情の回復は，子どもを元気にさせていく最も強力な推進力であるといって差し支えない。

⑤ 子どもの自我を強くさせる存在となること

自我の働きには，学習，知覚，認知，判断など，適応に役立つさまざまな能力が含まれる。遊戯療法におけるさまざまな遊びの活動を通して，面接者は知らず知らずに，子どもの自我の働きを高める

ようなかかわりをしているものである。例えば，一緒に工作をすることがあれば，そこで面接者から子どもにさまざまな技能が伝達されることになる。また，子どもとの対話は，子どもの自己認識，体験の言語化能力，思考力，現実吟味力を高めることになる。さらに，面接者の存在を理想化し，それに同一視する気持ちは，子どもの自尊感情を高めるだけでなく，さまざまな自我発達を含む子どもの内的成長を促す力となる。こうした自我の強化という要素も，遊戯療法の変化促進要素として見逃せない点である。

9-3 おわりに

　以上，遊戯療法が持つ援助的な要素を，遊びそのものが持つ要素と，面接者との関係が持つ要素に分けて述べてきた。ここで整理してきた内容は，決してそれぞれが独立したものではなく，相互に絡み合い，交じり合って作用しているものと見るべきである。また，具体的な遊戯療法場面の設定方法については，さまざまなバリエーションがある。面接室にしても，大人の面接室に少しの遊具を持ち込んで行う場合もあれば，砂場や大きな遊具のあるプレイルームで行う場合もある。また，何人か子どもを集めた集団療法の設定で行う場合や，家族療法や親面接との併用，入院，入所による生活管理下での実施など，さまざまな組み合わせがある。子どもの抱えている問題の性質に応じて，介入の具体的な方法やセッティングを考えていくということが，実際の臨床場面では重要である。

◀ま と め▶
□ 子どもに対する心理療法では，対話に代わるかかわりのツールとして遊びを用いることが多い。
□ 心理療法における遊びの用い方については，子どもとの有効な関係を築くための手段として用いる立場，無意識を解釈する素材として用いる立場，遊びそのものを子どもの自己表現として受容する立場などがある。
□ 遊びを用いた心理療法が援助的に働く要素としては，さらに，遊びそのものが発達促進的な働きをするということ，セラピストという人間との関係が援助的な力を持つということが挙げられる。

◀より進んだ学習のための読書案内▶
アクスライン／小林治夫(訳)（1972）．遊戯療法(心身障害双書6)　岩崎学術出版社
　　☞子どもの心理療法を学ぶのであれば，上記の本に目を通す必要がある。
チェシック／齋藤久美子・吉岡恒生・名取琢自(訳)（1999）．子どもの心理療法－サイコダイナミックスを学ぶ－　創元社
　　☞心理力動的な子どもの心理療法を学ぶ上で，わかりやすい。

◀課題・問題▶
1. 子どもの心理療法における遊びの用い方には3つの代表的な立場があるが，3つのうちの2つをとりあげ，各組には共通性と相違点があることを示せ。
2. 普段の生活で経験する遊びの例をいくつか思い浮かべ，発達促進的な要素という点から比較検討せよ。

10章

臨床心理的地域援助

コミュニティを支える援助の視点

◀キーワード▶
コミュニティ心理学,地域精神保健運動,教育・啓蒙的なアプローチ,地域精神衛生,危機介入,コンサルテーション,教育と態度変容,PTSD（心的外傷後ストレス障害），グループ・カウンセリング,調査技術,教育・コンサルテーション技術,集団心理療法

　本書では，さまざまな心理療法の理論と技法を，臨床心理的面接という視点からとらえ，紹介してきた。ここで最後に扱うのが，臨床心理的地域援助である。現在，財団法人日本臨床心理士資格認定協会は，臨床心理士が担う専門的職務として，臨床心理査定，臨床心理面接，臨床心理的地域援助，ならびにこれらの研究・調査を掲げている。臨床心理的地域援助は，臨床心理士の専門的業務，特に臨床実践の重要な柱ととらえられている。

　そこで本章では，臨床心理的地域援助を支える理念としてコミュニティ心理学の考え方を紹介し，その後に現実に行われた援助実践の例を示し，臨床心理的地域援助に求められる専門技術について整理をしてみたい。

10-1
臨床心理的地域援助とコミュニティ心理学

　個人に対するアプローチとは異なる臨床心理学の考え方が登場したのは1965年，米国ボストン郊外にあるスワンプスコットで開かれた「地域精神保健に携わる心理学者の教育に関する会議」（ボストン会議）であるといわれている(山本，1986)。当時の米国大統領ジョンF. ケネディは，「精神障害者と精神薄弱者に対する教書」を発表し，「地域精神保健センター法」が連邦議会を通過するなど，精神保健の総合的なサービスを地域社会に提供するという機運が米国内で高まっていた。

　それまでの精神医療は，地域社会から孤立した精神病院内で行われていたが，この改革を通じて，精神保健の専門家は地域社会に積極的に出ていくようになり，地域と精神保健サービスの距離が縮められた。さらに，社会の問題に取り組む人々へのコンサルテーションや，セルフ・ヘルプ・グループや援助組織の育成，教育・啓発活動，ストレスの状況を調べる調査研究など，医療の範囲を超えるさまざまなサービスが提供されるようになった。こうした精神保健のサービスには，医師，看護師，ソーシャルワーカー，心理臨床家などさまざまな職種が関わっていたが，特に心理臨床家には，コンサルテーション，地域組織援助，地域社会調査，サービス・プログラムの評価研究などが期待された。

　この地域精神保健運動の展開のなかで，心理学者がどのような課題に取り組むべきか議論されたのが，ボストン会議であった。特に，地域精神保健そのものが精神科医療の枠組みのなかで展開される中で，心理学者独自の貢献すべき点は何かということが問題となって

いた。そこで,浮上してきた考え方がコミュニティ心理学であった。それは,精神障害とその予防を中核とする医学モデルを超えた,心理学独自の地域援助のあり方を模索する動きととらえられる。

コミュニティ心理学の定義には,社会体系の改善を強調するボストン会議の定義をはじめとして,問題行動の軽減という実用的視点からの定義や,組織心理学的な観点からの定義など,立場によってさまざまなものがあるが,その中核には,個人の行動に影響を及ぼす社会環境要因の重要性,ならびに個人よりも組織を志向した介入の有効性の認識がある(Korchin, 1973)。さらに山本(1986)は,このような介入姿勢の転換には,従来の専門家からクライエントへ,行政機関から地域住民へという,サービス提供の方向性そのものを考え直す視点が含まれていることを指摘し,次のように述べている。

> 「コミュニティ」の精神には,これまでの医療や精神保健サービスの根本的な発想の転換を目ざし,地域社会の住民のニーズに適合したサービス内容とサービス・システムづくりを目ざし,さらに社会システムそのものに問題があれば,それを改善していこうとする姿勢が含まれているのです。それだからこそ,Community Psychology は地域心理学ではなく,コミュニティ心理学でなくてはならないのです。

つまり,公的機関や専門家サイドからみたサービス提供にとどまるのではなく,住民の立場に視線を合わせ,場合によっては社会システムの変革を目指すという精神が,コミュニティという言葉に込められている。「相手の土俵で援助する」というコミュニティ心理学的臨床の基本姿勢を,平川(1995)は地域中心主義という言葉でまとめている。

10-2
伝統的心理臨床との違い

 伝統的な心理臨床が，個人の病理や精神内界を重視し，面接室という臨床家の居所において仕事をするのに対し，コミュニティ心理学的な心理臨床家は，個人を取り囲む環境の側に焦点を当て，またその環境に積極的に出向き，さまざまな人々と連携しながら，予防を含む幅広い仕事に取り組むものとされる。

 このような視点の違いを，ブルーム(Bloom, B. L., 1973)は，表10・1のようにまとめている。この表からわかるとおり，地域精神衛生サービスというより広がりを持った社会に対するアプローチは，介入対象が異なるだけでなく，サービスのタイプ，サービスの提供のされ方など，介入方法に違いが生じる。つまり，治療的介入よりも目標としては予防が中心になり，援助方法としては助言，情報提供といった，教育・啓蒙的なアプローチが用いられる。介入の期間は比較的短く，非専門家を含むさまざまな人との連携が積極的に模索される。ブルームが念頭に置いているのは地域精神衛生という観点であるので，具体的には地域社会に提供する医療サービスを想定しているが，その他のアプローチに拡張しても，ほぼ同じことが言える。ここで整理されている観点はコミュニティ・モデルの特徴全体をよくとらえていると考えられる。

 歴史的にみると，精神分析をはじめとする伝統的な臨床サービスは，こうした介入方法をレパートリーの中に含めなかっただけでなく，精神内界の問題を扱う上で好ましくないと忌避してきた面がある。一方，コミュニティ・アプローチを目指す側は，伝統的なモデルは，ドグマティックで硬直していると批判する。このように伝統

10-2 伝統的心理臨床との違い

表10-1 地域精神衛生サービスと伝統的臨床サービス

	地域精神衛生サービス	伝統的臨床サービス
1. 介入を行う場所	地域社会における実践	精神衛生施設内での実践
2. 介入のレベル	全体、または限定された地域社会を強調(例、診療燈、リスクの高い母集団)	個人的クライエントを強調
3. サービスのタイプ	予防的サービス	治療的サービス
4. サービスの提供のされ方	コンサルテーションと教育を通しての間接的サービスを強調	クライエントへの直接的臨床サービスを強調
5. サービスの方略	短期心理療法と危機介入を含む大人数の人々に接近することを目的とする方略	心理療法を強調
6. 計画の種類	満たされていない要求、リスクの高い母集団をはっきりさせ、それに適合したサービスをするよう合理的に計画する	無計画、地域社会全体を考えた個人的サービスではない。「自由参画」システム
7. マンパワーの資源	大学生、地付きの人のような非専門家を含む新しいマンパワー源といっしょに、目標となる人々に精神衛生専門家がとりくむ	伝統的な精神衛生専門家(精神科医、心理学者、ソーシャルワーカー)
8. 意思決定の場所	精神衛生プログラムについての管理と意思決定は地域社会と専門家の間で共有した責任で行う	全ての精神衛生サービスを専門的に管理する
9. 病因論的仮定	精神障害の環境的原因	精神障害の心的原因

出典) Bloom, 1973／山本(訳), 1986, p.51

的なモデルとコミュニティ・モデルは,一見すると対立する二つの考え方とみなされやすい。

しかし実際は,コミュニティ心理学と伝統的心理臨床は,相互に補完しあって心理臨床活動全体を支える構成要素としてみる方が適切であろう。相談や査定といった限定しやすい仕事の周囲に,情報提供,啓蒙,調査,コンサルテーション,連携,ネットワーキングといった多様な仕事があり,そのどちらかが「図」となり,どちらかが「地」となるかによって,援助活動の性質が異なってくると見ることができる。

● ● 10-3 ● ●
臨床心理的地域援助の介入の種類

それではここで,具体的に臨床心理的地域援助や,コミュニティ心理学の介入には,どのようなものがあるのだろうか。一口に地域援助といっても,介入する対象,介入のレベルなどによってさまざまなバリエーションがある。コーチン(Korchin, S. J.)は,臨床心理学的の立場から,コミュニティへの介入として,「危機介入」「コンサルテーション」「教育と態度変容」「専門家以外のワーカーの利用」の4領域を分類している。こうした介入が具体的にどのようなことがらを指すのか,ここでは,心理臨床家が実際にかかわる例を挙げながら説明しておきたい(Korchin, 1973)。

① 危機介入(crisis intervention)は,危機状態におちいり,情緒的均衡がくずれている人に対して,少なくとも以前のような均衡を回復させることを目的とした介入である(山本,1986)。したがって,人格構造の変革や自己成長を目指す体験学習とは異なり,均衡

を回復するための短期的なもので，人格のポジティブな側面に注目し，周囲の人々への働きかけを積極的に行う。また，長期的なかかわりが必要な場合には，それを担いうる機関や専門家に繋ぐことを目指す。危機介入の典型的な例は，災害や犯罪の被害者に対する緊急対応である。後で挙げる事例はいずれも，この危機介入にかかわるものである。

② コンサルテーションは，簡潔に言えば専門家間の助言活動のことである。一方の専門家(コンサルティ)がより効果的に専門的な仕事を達成できるように，別の専門家(コンサルタント)が助言を与えることをいう。臨床心理学についていえば，学校の教師が特定の生徒への対処に困っているときに，心理臨床家が助言を与えるといった場合である。助言はコンサルティの職業的な内容に限定される。現在では，教育委員会から依頼された心理臨床家が，学校現場を訪問しながら，助言を必要とする教師にコンサルテーションを行うといった制度が，さまざまな地域で試みられている

③ 教育と態度変容は，ある程度まとまりをもった集団に対する，教育・啓蒙的な講演やワークショップといった形で進められる。例えば，学校内で心理臨床活動をするスクールカウンセラーは，学校やPTAの求めに応じて，生徒や保護者を集めた集会場面で，心理教育的な講演を行ったり，受講者参加型の体験学習を行うといったケースがある。こうした介入は，受講者に対する知識や情報を提供するというだけでなく，心理的な困難をかかえている潜在的なクライエントが，専門的な援助を受けやすくする導入的な効果を持つという点でも意味がある。

④ 専門家以外のワーカーの利用は，例えば，自殺防止の電話相談活動といった，組織的なボランティア活動にみることができる。

こうした活動において，相談の最前線に立つのは，多数のボランティアの相談員であるが，活動が効果的に行われるには，組織化，研修，人材配置などに，専門的な視点が必要になる。心理臨床家は，その中で，活動のオーガナイザー，コーディネイター，コンサルタント，教育者としての役割を担うことになる。

以上，コーチンの分類に基づいて，地域援助における4つの主要な介入方法についてみてきた。次に，著者が経験した危機介入の実例を挙げ，臨床心理的地域援助において重要と考えられるポイントを整理しておくことにする。

10-4 臨床心理的地域援助の実例

(1) 阪神・淡路大震災における避難所とのかかわり

1995年1月17日，兵庫県を中心に京阪神淡路地域に震度7の地震が発生した。地震は，直下型で，神戸を中心とする市街地に壊滅的な打撃を与え，死者6000人を超え，倒壊家屋10万5千棟，一部損壊を含めると40万家屋という大きな爪あとを残した。この震災では，災害を受けた人々の心理的な打撃，心的外傷に大きな関心が払われ，精神科医，ソーシャルワーカー，心理臨床家をはじめとするさまざまな人々が，心理的なケアを目的としたさまざまなボランティア活動を展開した。

著者は心理臨床家として被災地においてどのような活動ができるかに関心を持ち，仲間の心理臨床家と研究会を立ち上げたところ，ある避難所でボランティア活動をしていたグループから，心理面のコンサルテーションが必要との連絡を受け取った。そこで，寝袋，

10-4 臨床心理的地域援助の実例

食料，飲料水，自転車を携行して，現地に赴いた。A 避難所は，もともと指定避難所ではなかったが，たまたま電気，水道が通じていたため，付近の住民が身を寄せはじめ，自然発生的に避難所になった。当時，900名近くの人間が，教室，廊下のいたるところにひしめくという状況であった。

著者はこの避難所に2月のはじめから，避難所が終結する7月までの間，他の心理臨床家と交替しながら，継続的にかかわった。初期の段階では週に2-3日，避難所に泊まり込み，用務員室を借りて心理相談室を開き，また避難所で活動するボランティアに対してコンサルテーション活動を行った。また，避難所の運営を担当する自治会員と接触を持ち，話の聞き役となりながら，自治会員の活動を援助した。避難所における，心理面での援助活動は，主に心理教育的な情報提供，相談活動，自治会，ボランティアグループに対する心理学的コンサルテーション，状況を把握するための調査活動，関連機関や団体との連絡などであった。

心理・教育的な情報提供としては，災害ストレス下での心理的反応やPTSD(心的外傷後ストレス障害)に関する知識を伝えることであった。自治会の人々に説明することからはじまって，徐々に住民たちに集ってもらい話す時間を作ったり，避難所内で発行されていたニュース・レターに記事として載せるなど，さまざまな手段を使って情報の提供を工夫した。

カウンセリングは，夜7時から9時の時間帯，館内放送で呼びかけ，必要な人には出かけてきてもらった。相談の内容は，時間つぶしの話し相手を求めてのものから，睡眠がとりにくいといった訴えまでさまざまであった。そして，近親者を亡くしたつらさが語られるというケースは，ごくわずかであったがあった。相談は，時間

つぶしに毎回来る人を除けば，ほとんどが1回きりのものであった。

　自治会やボランティアへのコンサルテーションは，住民の相談以上に多かった。特に，ボランティアグループの学生たちのなかには，自分たちの行っている活動の意味を問い，助言を求めに来る者が多かった。荒々しく暴力的であったかと思えば，逆に甘えを強く出してくる子どもたちにどうつきあえばよいのか，震災以降寝たきりになっているお年寄りにしてあげられることがないか，住民に頼まれてしている仕事が住民の気持ちを踏みにじっているのではないか，といったさまざまな疑問や問題意識を率直に投げかけてきてくれた。

　こうした活動に加え，自治会が避難所の住民のストレスや悩みを調査する際には，質問項目の作成や，データの集計作業と分析を引き受けた。また，地元の児童相談所，保健所などの職員や，他の避難所で活動をしている専門家とコンタクトを取り，情報の収集と共有に努めた。

(2) ニューヨーク・テロ事件後の日系企業に対する心理的援助

　2001年9月11日，テロリストがジャンボジェット機を乗っ取り，ニューヨーク市の世界貿易センタービルに次々に突っ込み，2棟のビルを崩壊させるという事件が発生した。貿易センタービルの中で，飛行機の衝突に巻き込まれた人，ビル崩壊までに逃げ遅れた人，救出のためにビルに突入した救急隊員など，計2749名が行方不明になるという大惨事になった。

　事件後，アメリカの企業では，生存した従業員を対象に，さまざまな心理面の援助プログラムが施行された。多くの企業では，会社と契約している保険会社が，心理士を派遣してプログラムの施行に

10-4 臨床心理的地域援助の実例

当たっていた。世界貿易センタービルの中には，日系の企業もあり，被害を受けていた。そうした日系企業の従業員に対しても，心理面の援助が求められていたが，現地において日本語を話す心理士によるサービスを行うことが難しく，また会社の側もそうしたサービスを提供するノウハウを知らなかった。

当時，ニューヨークに留学中であった著者は，そうした企業の一つから依頼を受けて，従業員に対する心理的援助のプログラムの計画と実施を任された。計画・実施したプログラムは，心理教育的な情報提供のプログラムと，グループ・カウンセリング，そして個別の相談であった。

はじめに，不明者の遺族に対応した会社のコア・メンバーを集めて，心的外傷などについての基本知識を提供することと，各自が置かれている状況を聴取する目的としたグループワークを開催した。このセッションは，事態を把握するための貴重な情報をもたらしたが，業務の一環として参加が命じられたこと，事件当時を回想することが不快に感じられた人がいたという点で，参加者の満足度は低かった。そこで，自主的な参加を原則とすることを徹底し，情報提供を目的とした大人数のプログラムと，希望者を対象とした少人数のグループ・カウンセリングの二本立てでプログラムを展開することにした。

情報提供のプログラムでは，職場単位に案内を出し，20人から40人というサイズのグループで，心的外傷，喪失に対する心理的反応，ストレスに対する対処法について，講義を行った。プログラムに参加した人の中で，少人数での話し合いを希望する人を募った。

後日，話し合いを希望した人々は，業務の都合を考慮しながら，5人から8人程度の小グループに振り分けられ，1時間半のグルー

プ・カウンセリングのセッションが設定された。そこでは、現在の参加者の気持ちや考えを話してもらうことからはじめ、その後は参加者が持ち出す話題に沿って話し合いを進めた。話題は主に、被災後の職場環境のストレスの問題と、知人を失ったことに対する心情とに分かれた。どちらの話題が中心になるかは、そこに参加するメンバー次第であったが、主な参加者が所属する職場の状況を反映していた。

10-5 臨床心理的地域援助において求められる技術

以上のような、実践事例をもとに、臨床心理的地域援助において求められる技術について整理しておこう。

(1) 対象者へのアクセス

地域援助の実際において、まず、解決しなくてはならないのは、対象者にどのようにして接近するかという問題である。広範な地域や組織において、情報提供であれ、予防的なグループ・ワークであれ、誰が対象者となるのか、いつ、どこで、どのように対象者と接触するのかは自明ではない。そのときの状況に合わせながら、しかも地域内、組織内のキーパーソンの協力を得ながら、徐々にその仕組みを整えていく必要がある。

上述の阪神淡路大震災の例では、混沌とした状況の中で、一般住民に向けた情報提供やカウンセリング活動が始められるまでに、ずいぶんと時間を費やした。それに対し、ニューヨークのテロの例では、やはり混乱した状態ではあったが、企業という組織がしっかり

しているので，一旦ことが始まると動きは迅速であった。ただ，業務命令として行われたとき，参加の自由が失われる危険があり，その点では慎重に準備を進める必要がある。

(2) 調査技術の活用

地域や組織といった大きな集団にかかわる際には，現状を把握するための調査技術は大いに活用されるべきである。それは質問紙のチェックリストを用いた大掛かりのものである場合もあれば，個人や小集団を対象にした聞き取りである場合もある。得られた情報は，必要とされる介入の種類を判断する材料となるが，このような調査活動そのものが対象者と接触するためのルートを開いてくれる面がある。

阪神淡路大震災の例では，初期の混乱が落ち着いた段階で，避難所全体に向けてのアンケート調査を依頼された。分析結果を，避難所内で配布する通信に掲載し，合わせてメンタルヘルスの情報を掲載するようにした。大きな集団に対しては，このようなメディアの活用が必要になるが，記事に関心を持ってもらうために，調査で得られた結果を盛り込むのも効果的である。

(3) 教育・コンサルテーション技術

情報提供は，通信などの媒体，集団場面での講義，小集団での話し合い，個別の相談などあらゆる場面を通して行われる。提供する情報は，心理的危機に関する専門的な内容から，提供するプログラムの紹介，活用できる社会資源に関するものなどさまざまである。介入は緊急時であることが多く，体裁よりは実質を優先させなければならないが，日頃から準備をしていることが大切である。また，

子どもから老人まで、さまざまな人々が正確に理解できるように、説明のしかたや言い回しに気をつけなくてはならない。

阪神淡路の例では、まったく想定されていない事態に対し、すべてが試行錯誤の中で進められた。提供する情報も、情報の提供の仕方も、また情報を提供することが重要である点も、学習しながらの試みであった。ニューヨークの例は、そのような経験がすでにあったので、説明する内容を手際よく準備することができたし、説明のしかたも要領を得たものであった。経験を経ることの重要性は、どれだけ強調してもしすぎではない。

(4) 集団心理療法の活用

地域援助活動において、最も活用の可能性が高い心理療法の技法は、集団心理療法の技法である。地域や組織という集合を対象に働きかけるため、一度に何人かを集めた集団の方が効率がよいという、実利的な理由もさることながら、それ以上に、葛藤や困難を共にする人々が集い、気持ちや考えを共有することがもつ力の大きさによる。しかし、そのような場は、自然の成り行きで生じてくることはまれで、ある種の努力と工夫が必要なのである。

いずれの事例においても、援助のプロセスでかかわる人々から多く聞かれたのは、地域や職場で自分たちが被った体験を話し合うという機会が極めて少ないという報告であった。常識を越えた危機的な経験は、簡単に他者と分かち合えるものではなく、十分に配慮された場がしつらえられてはじめて、共有化の営みがはじまるのである。その場の進行を適切に舵取りするために、集団心理療法の技術は大いに役に立つ。

(5) 連携の技術

　地域援助の実践では，一人だけで仕事をすることはできない。さまざまな人々との連携，協力関係が必要である。連携をする相手は，かかわる仕事の性質，状況によって異なってくる。阪神・淡路大震災の例のようにかかわるべき対象の範囲が広大で，限定できない事態では，連携の機会はあらゆる時，あらゆる場所で生じる。接触する人も，専門家，非専門家を問わず多様で，関係の中でとるべき距離はさまざまであるし，流通する情報も雑多である。いわば人的交流の組織が解体している状態なので，そこにどのような筋道を作っていくかが連携を通しての課題の一つといえる。

　一方，ニューヨーク・テロ事件の例のように，混沌とした状態であっても，仕事の依頼主体が明確で，援助対象も組織化された集団である場合は，連携すべき相手が比較的限られてくる。中心は，その仕事に関する組織の側の担当者であり，その人物との二人三脚的な関係を軸に，すべての事は進んでいく。この担当者との間に，いかに信頼関係を築けるかが，援助活動の成否に大きくかかわってくる。

　以上，著者の経験した危機介入事例をもとに，臨床心理的地域援助において重要となるポイントを整理した。始めに述べたとおり，臨床心理的地域援助は，心理臨床家の専門的業務の重要な柱のひとつととらえられている。しかし，そこに含まれる援助活動の種類と範囲は多種多様であり，またどのように実践していくのかという，技術の定式化と訓練の方法は今後の大きな課題であると思われる。

◖まとめ◗
- □ コミュニティ心理学には,個人の行動に影響を及ぼす社会環境要因が重要で,個人よりも組織を志向した介入が有効であるという認識がある。
- □ コミュニティ・アプローチは,予防に重点を置くこと,短期間の教育的・啓蒙的アプローチを用いること,専門家,非専門家を問わずさまざまな人との連携を模索するなどの点で,伝統的な心理臨床と違いがある。
- □ 実際の臨床心理的地域援助では,対象者へのアクセス技術,調査技術,教育・コンサルテーション技術,集団心理療法の技術,連携の技術などが役に立つ。

◖より進んだ学習のための読書案内◗
日本コミュニティ心理学会(編)(2007).コミュニティ心理学ハンドブック 東京大学出版会
　☞最近はコミュニティ心理学についての入門書も数多く出ているので初学者にとってはありがたい。もう少し専門知識を整理したい人には,上記の日本コミュニティ心理学会が編集したハンドブックが役に立つであろう。

◖課題・問題◗
1. 伝統的な心理臨床でも,コミュニティ心理学的な視点がなければ,現実の運用が難しいということを,学生相談室の例をとって考えてみよう。
2. 自分の生活する身近な社会環境のなかで,臨床心理的地域援助の取り組みを展開するとしたらどのような可能性があるか考えてみよう。

11章

心理査定・アセスメント

クライエント理解のための臨床心理学的手法

◀キーワード▶
心理査定, 診断, 測定・評価, 知能検査, 標準化された検査, 知能指数, 個別式検査, 集団式検査, 言語性検査, 動作性検査, 類型論, 特性論, 因子分析, 観察法, 面接法, 心理検査法, 作業検査法, 目録法, 質問紙法, 投映法, ケース・フォーミュレーション, 主訴, 現在の問題, 問題歴, 症状, 家族状況, 生活状況, 生育史, 家族歴, 臨床像, 精神医学的診断, 外因, 内因, 心因, DSM, ICD, 操作的診断法, 心理力動的診断

　本章では, 臨床心理学実践のうちでも, 心理査定(psychological assessment)と呼ばれる領域について解説する。心理学における査定とは, 援助を求めるクライエントの問題について, その性質や程度を心理学的次元から理解することをいう。医学の分野では診断(diagnosis)といっているが, 心理査定と精神医学的診断は同じではない。医学的診断では分類体系に基づいて疾病が特定されるが, 心理査定は, クライエントの人格, 知能の評価, 家族関係, 生活環境などを把握して心の問題の成因を理解することをいっている。

　具体的な内容について考えると, 心理査定という言葉は二つの意

味を含んでいる。一つは,心理検査などを用いた心理的特性の測定・評価である。これらは具体的な作業内容が明確なので,イメージとしてつかみやすいだろう。心理査定のもう一つの意味は,測定・評価されたものも含めて集められた情報を総合し,クライエントの問題と,問題の背景について理解するプロセスである。こちらは具体的な作業というより,心理臨床家の頭の中で進行する目に見えないプロセスである。

　臨床心理学の歴史を振り返ると,第一の意味での査定技術は,臨床心理学の専門性の重要な柱であるとみなされてきた。測定技術の開発は科学的な心理学の発祥と結びついている。心の属性を測定し,客観的なデータとして扱う方法を考案することによって,実証的な心理学の歴史が幕を開けたのである。知能の測定技術やさまざまな人格検査が考案され,統計的な解析の技術が発展し,心理測定は臨床心理学者が担う仕事の中心となった。

　その後,臨床心理学の分野で,次第にさまざまな心理療法が開発されるようになる。そして多くの臨床心理学の専門家が,測定・評価だけでなく,心理学的な援助に携わるようになった。また,さまざまな専門機関の中で,治療や援助のプラン作成に携わるようになった。そこで心理査定は,心理的援助に向けての指針の作成という意味合いを強めてきた。心理査定の第二の意味は,このようにして重要性を増してきたのである。

　本章では,はじめに,心理学の中で発展した知能と人格の評価方法について簡単にとりあげる。次に,治療や援助を想定した上でなされる,クライエントの問題の総合的な理解という意味での心理査定に焦点を当てる。最後に,心理査定を専門とする代表的な臨床現場として,児童相談所と少年鑑別所を紹介する。

11-1
知能の概念と測定

　知能と人格は，臨床心理学にとどまらず，心理学全体にとって重要な研究領域の一つである。また，心理学の研究成果の多くが，あまり現実の生活場面で活用されてこなかったのに対し，この二つの領域は実社会に影響を及ぼしてきた数少ない研究領域である。特に知能検査は，学校教育制度の確立と普及，科学的な学力観の定着，学業不振児の治療教育や障害児教育，そして福祉政策といった社会の側のニードと密接にかかわりながら発展してきた。

(1) 知能の概念

　20世紀の初頭，フランスのビネー(Binet, A.)とシモン(Simmon, T.)によって世界で初めて知能検査の開発が始まった。1905年にフランス政府が知的障害児に対する治療教育を始めるにあたり，ビネーに知的能力を測る方法を考案させ，それが知能検査として結実した(Sattler, 1982)。それ以来，今日まで，知能検査は世界各国に広まり，目覚しい発展をとげた。我が国においても，1908年に三宅鉱一らによってビネーの知能検査が紹介されて以来，多くの知能検査が考案されてきている。

　ところで，知能検査は知能を測定する道具であるが，道具を作るためには，測定する知能とは何かが明らかにされなければならない。知能については，これまでにさまざまな角度から言及され，さまざまな知能観，さまざまな知能の定義が生み出されてきた。それらはおおよそ，次の4種類に分けることができる。

　① 抽象的な思考能力(ものごとの関係を認識する能力など，人

間の高次の精神機能を知能と考えるとらえ方)
② 学習能力(学習を行うための基本的な能力というとらえ方)
③ 環境への適応能力(環境への適応を可能にする基本的な能力というとらえ方)
④ 知能検査によって測られるもの

　第一の定義は,人間特有の高度の知的活動を表しており,知能という言葉の一般的なイメージに近いが,定義としては最も狭いものである。例えば,幼児の実際的な問題解決行動は,明らかに知的な活動と考えられるが,それらは知能という範疇から外されてしまう。第二の定義は,教育との結びつきが最も強い定義である。知的能力の評価が,教育場面で最も活用されやすいという現実はあるものの,定義としてはやはり狭いものである。また,学習の基礎能力といっても,実際に学習によって獲得された学力と区別することができるのかといった問題がある。第三の定義は,知能を最も広く定義した場合である。この定義に従えば,乳幼児や人間以外の動物の適応行動は,すべて知能という観点からとらえることになる。しかし,環境への適応には,知的な活動以外,例えば,情緒や感情機能も関係しているが,この定義ではそれらを区別することができない。第四の定義は,いわゆる操作的な定義といわれるもので,定義としては同語反復にすぎないが,知能の内容を解明するための暫定的な方法として使われる。

　各定義の欠点を補うために,いくつかの定義を融合させた包括的な定義もみられる。例えば,ウェクスラーは「知能とは,目的的に行動し,合理的に思考し,環境を効果的に処理する個人の総合的,または全体的能力である」(Wechsler, 1944)と述べている。こうした包括的な定義は,バランスよく知能の全体像をとらえているよう

11-1 知能の概念と測定

にみえる一方，知能の本質を特定するという点では曖昧になるという面がある。

(2) 知能評価に用いられる概念と知能検査の種類

　知能検査は，知能が反映されると考えられる知的活動を行わせ，その成績を評価するという手続きによって成り立っている。知的活動を行わせるために，測定しようとする知的能力を反映するだろうと思われるいくつかの課題が用意される。課題の内容，施行方法，採点の基準を一律にして，特定の集団で検査を実施し，成績の資料を収集する。このように構成された検査を，標準化された検査(standardized test)と呼ぶ。標準化の作業によって，個人の結果は，その集団の基準と比較して評価することができるようになる。

　ビネーらの最初の知能検査では，難しさの程度によって配列された問題が用意され，正しく答えられる問題の数によって知能の程度を測ろうとした。その後改訂を進める中で，各年齢の標準となる問題を集め，どの問題まで正当が出せるかによって精神年齢(mental age; MA)を算出できるようにした。しかし，精神年齢だけでは被検査者の暦年齢に比べて，どの程度の知能であるのかはつかめない。そこで1916年，ターマン(Terman, L. M.)は，精神年齢を暦年齢で割った数に100をかけて算出する知能指数(Intelligence Quacient)という指標を考案する。この指標は，どの年齢であっても100が平均的知能を示し，また個人の知能指数は加齢を経てもあまり変わらないといわれている。ただし，ターマンの計算式は，現在ほとんど用いられなくなっており，現行の知能検査の多くは，同年齢集団の成績分布による偏差知能指数(Deviation IQ)や知能偏差値(Intelligence Standard Score; ISS)を用いるようになっている。

知能検査は内容によっていくつかに分類することができる。まず，検査を実施する際に想定している被検査者の数によって，個別式検査と集団式検査に分けることができる。

　集団式検査は，複数の被検査者に対して一斉に施行するために，鉛筆だけで回答できるような筆記式の検査になっている。一方，個別式検査は，1人の被検査者に対して，検査者が一対一で教示を行いながら施行する。さまざまな用具を用いた課題が用意されており，時間と手間がかかる一方，幅広くまた精密に知的能力を評価することができる。

　検査の内容によっては，「言語性の検査」と「動作性（非言語性）の検査」に分けることができる。言語性の検査は質問の理解や回答に言語能力が必要となるもので，動作性（非言語性）の検査は言語を介さずに回答できるように工夫されている。集団式検査の場合，前者はA式検査，後者はB式検査と呼ばれている。

　知能検査を用いる目的として，教育場面では，生徒の学習能力を予測し，クラス編成，教科の選択，教え方の選択などに役立てようとする場合が一般的である。そうした場合，大勢の生徒に一斉に行うため，集団式の検査が用いられる。

　臨床的な用い方としては，知的障害や発達障害の診断という目的があげられる。障害の程度によっては，特別支援教育や福祉的援助の必要性の有無が検討される場合もある。また障害の性質を理解することによって，援助の方針を定めることも重要な目的である。知的障害以外の，精神障害者に対しても，診断の補助的な手段として施行される場合がある。こうした目的の場合は，障害の性質をより詳細に特定できるよう，個別式検査を用いるのが普通である。

　対象者個人のためというだけでなく，施設や集団管理上の目的で

知能検査が行われる場合がある。矯正施設では,障害の診断ということとは別に,収容者の作業への配置やグルーピングを決めるために検査が施行される。検査は通常集団式で行われるが,対象者によっては個別式検査も施行される。

11–2 臨床場面で用いられる知能検査

　ここでは,臨床場面で比較的よく用いられる個別式の知能検査を紹介する。知能検査に限らず,心理検査について学ぶためには,まず自分が被検査者となって検査を体験し,次に手引き書を頼りに実施してみるといった実習が不可欠である。臨床現場で検査を使いこなせるようになるためには,検査を施行し,採点を行い,所見を書き上げるという臨床実践を積む必要がある。その過程で習熟した検査者に指導を受けることが,とても大切である。

(1) ビネー式検査

　ビネーの開発した知能検査は,さまざまな国に紹介され,それぞれの国で翻訳され標準化されている。ビネー式の検査では,すでに触れたとおり,難易度の異なる問題がいくつも用意され,それがどの年齢において標準的に回答できるものかが調べられている。それを系列的に並べることによって,精神年齢を測る尺度となるのである。この明瞭でわかりやすい着想が,ビネー式検査の特徴であり,世界中に普及した理由であるとされる。

　一方でいくつかの難点も指摘されている。一つはさまざまな種類の問題が用意されながら,測定値として出される知能年齢は一種類

であり,問題の種類ごとの特徴を調べるといったことが想定されていない。さらに,実際に知能年齢を測定しようとすると技術上の難しさもある。例えば,ある年齢の問題が不正解であっても,それより高い年齢の問題に正答した場合,それをどうカウントするのかといった問題である。実際の検査では,そうした問題を解決するために,採点の方法が細かく決められている。

日本では,1930年に鈴木治太郎が鈴木ビネー式知能検査を,1947年に田中寛一が田中ビネー式知能検査を標準化し出版している。以後,それぞれが改訂を続けたが,現在も改訂が続けられているのは田中・ビネー式検査である。田中・ビネー式検査は,ターマン L. の新改訂スタンフォード＝ビネー知能検査法を原本として日本で標準化された検査で,1歳級から優秀成人級までの120問からなる年齢尺度で構成されている。現在は2003年に改訂された田中ビネー知能検査V(ファイブ)が,最も新しい版になっている(田中教育研究所編,2003)。

(2) ウェクスラー式検査

ウェクスラー(Wechsler, D.)によって作成された個別式知能検査は,いくつかの点でビネー式の検査よりも優れていたために,臨床場面で急速に普及していった。最初に開発されたのが1939年のウェクスラー・ベルビュー知能検査第1形式であり,これをもとに1955年にウェクスラー成人知能検査(Wechsler Adult Intelligence Scale: WAIS)が作成された。さらに,1981年にこのWAISの改訂版であるWAIS–Rが,1997年には,WAIS–Ⅲが作成されている。

ウェクスラー法の特徴としては,大量標本に基づいて標準化されていること,検査は言語性下位検査と動作性下位検査からなってい

ること，偏差知能指数が導入されていること，下位検査得点のプロフィールによる評価が可能であること，などが挙げられる。

日本版では，日本版 WAIS が 1958 年に，日本版 WAIS-R が 1990 年に作成された。そして日本版 WAIS-Ⅲが 2006 年に作成されている（日本版 WAIS-Ⅲ刊行委員会，2006）。

WAIS-Ⅲの構成をみると，7 種類の言語性下位検査と 7 種類の動作性下位検査を合わせた，14 種類の下位検査から構成されている。言語性下位検査には，1. 単語，4. 類似，6. 算数，8. 数唱，9. 知識，11. 理解，13. 語音整列があり，動作性下位検査には，2. 絵画完成，3. 符号，5. 積木模様，7. 行列推理，10. 絵画配列，12. 記号探し，14. 組合せ，がある。

適用範囲は，16 歳以上で，上述の下位検査の課題を番号順に施行していく。検査時間は，60 分から 90 分である。

上記の各下位検査を番号順に実施し，その後，各下位検査ごとに採点法に従って採点を行う。採点結果から，粗点，評価点，IQ を求める。評価点は，被検査者が属する年齢群の換算表（年齢群別粗点－評価点換算表）を用いて，粗点から換算される。また，WAIS-Ⅲでは，これまでの下位検査ごとの結果とは別に，因子分析に基づく群指数という指標が導入され，そのプロフィールパターンからより詳細な結果の解釈が可能になったとされている。

ウェクスラー式検査には，児童用（5 歳～15 歳）に開発されたWISC（Wechsler Intelligence Scale for Children）や，就学前児童用のWPPSI（Wechsler Preschool and Primary Scale of Intelligence）などがあり，WISC は改訂され WISC-Ⅲが最新のものである。年齢集団に合わせて課題は異なるが，検査の基本的な構造には共通している部分が多い。

(3) K-ABC

K-ABCはカウフマン夫妻(Kaufman, A. S. & Kaufman, N. L.)によって1983年に作成された知的機能を測る検査で,正式にはKaufman Assessment Battery for Childrenという。2歳半から12歳半までが対象で,施行に要する時間は45分から75分といわれている。

16の下位検査が用意されているが,それらは,継次処理尺度(Sequential Procession; 3下位尺度),同時処理尺度(Simultaneous Processing; 7下位尺度),習得度尺度(Achievement; 6下位尺度)という3つのカテゴリーに分けられている。継次処理尺度と同時処理尺度を合わせて,認知処理過程合成点(Mental Processing Composite)が出せるようになっている。

この検査の大きな特徴は,課題を処理するプロセスに注目し,認知処理を継次処理と同時処理という二つのタイプに分けてとらえようとする点である。継次処理とは時間系列や順序に沿って刺激を処理することで,数に関する情報を覚えたり,書き順や文字と音の連合を覚えるといったことに関連している。一方,同時処理は空間的,アナログ的な全体情報を一瞬にとらえるような処理で,文字の形状や空間配置を覚えることに関連する。子どもの得手,不得手を知ることによって,学習指導の助けにしようという意図がある。また,課題は,非言語的なもので構成されており,獲得知識に影響されないように工夫されている点も特徴の一つである。

日本では,松原・藤田・前川・石隈(1993)により標準化され,『K-ABC心理・教育アセスメントバッテリー』として出版されている。

11-3
人格の概念と測定

　知能とならんで臨床心理学で査定の対象となるのが人格である。その人の人となり，あるいは個性とか個人差と呼ばれるものであるが，知能同様，人格という概念も実態をつかむことは難しい。個人差という意味では，知能も人格の一部と考えられるが，本節では両者を区別して，知能をのぞく人格の測定について述べる。

(1) 人格の定義

　人格は personality の訳語で，その語源は紀元前のギリシアで使われていた劇用の仮面を意味する語ペルソナ(persona)であるといわれている。心理学の定義として，よく引用されるのはオルポート(Allport, G. W., 1937)によるもので，彼によれば，人格とは「個人のうちにあり，環境に対するその人独自の適応を規定するいくつかの精神身体的システムの力動的体系」である。オルポートは「適応」という言葉を使っている。それは環境に対する人間の反応全体を指しており，個人の行動，思考，感情，態度と言いかえてもよい。人間の内側に何らかのシステムを想定し，それが人間の行動，思考，感情，態度に一貫した傾向やパターンを生み出すものと考える。その内側のシステムを，人格と呼んでいるのである。

　人格と類似した言葉に，性格(character)があるが，この言葉は刻み込むという意味のギリシア語 karakter を語源としている。どちらかというと先天的で固定的な特徴というニュアンスが強い。人格という場合には後天的な経験によって形成されるというニュアンスがあり英米でよく使われるのに対し，性格は欧州で使われている。

(2) 人格理解の二つの立場

人格の特徴を把握する方法は、原理的にいうと、大きく類型論と特性論という二つに分類される。これらの代表的研究について以下に概観する。

① 人格類型論

類型論(typology)とは、日常経験を通して感じられる幾つかのタイプ(類型)を設定し、個人をそのタイプのどれかにあてはめて理解しようとする方法である。古くは、紀元前2世紀頃、ローマの医師ガレノス(Galenus, C.)が類型論的な考えを述べている。彼は、古代ギリシアのヒポクラテス(Hippokrates)が唱えた4種類の体液、すなわち血液、黒胆汁、黄胆汁、粘液のうち、どれが体内に最も多く含まれるかによって、人間の気質は多血質、憂うつ質、胆汁質、粘液質に分類できるとした。

こうした類型論的な思考は、近代の心理学者の考え方に引き継がれてきた。ロシアの生理学者パヴロフ(Pavlov, I. P.)は、条件反射の研究結果から気質の類型化を試みた。彼は、高次神経活動を特色づける要因として、①神経系の強さ、②平衡性、③易動性を挙げ、これらの要因を組み合わせてできる神経系の型を、ガレノスの4気質に対応づけた。

クレッチマー(Kretschmer, E.)は、人間の体型と性格との関係をもとに、気質の類型学を提唱した。彼は、分裂性、循環性、粘着性という正常者について適用される3つの気質を提唱し、それぞれが細長型、肥満型、闘士型という体型と関連し、さらに統合失調症、躁うつ病、てんかんという精神疾患と連続的につながっていると推論した。

スイスの精神科医ユング(Jung, C. G., 1960)は、精神分析の考え

方に影響を受けながら，向性論といわれる独自のタイプ論を展開させている。彼は，精神活動を司る心的エネルギーを想定し，それを自己の外に向けるか内に向けるかという点から，外向－内向(extroversion–introversion)という人間のタイプを分類している。ユングは，さらに，精神の根本機能として，思考，感情，感覚，直感の4つの働きを考え，個人の中でこれらの機能のどれが優位かによってタイプ分けを行い，外向－内向の分類と組み合わせて，8つの基本類型を提示した。

フロイトに始まる精神分析学においても，性格の類型化が試みられている。古典的には，心理・性的な発達段階とその固着点に関連づけられ，口唇性格，肛門性格，男根性格といった性格類型が考えられた。その後，自我心理学的な観点から，防衛のスタイルという点で性格のタイプが理解されるようになる。

人格や性格の典型的なタイプを設定し，それに個人をあてはめるというやり方は，人格を把握する基本的な方法であり，わかりやすく，記述的な簡便さを有しているという点が特徴である。ただ，同じ類型に分類された後は，そこに存在する個人差が無視される危険がある。また類型論の立場では，人格が静的で固定的なものとしてみなされる傾向もある。特性論と比較すると，実証的な研究に発展しにくいという点も指摘できる。しかし，その明瞭さや経済性から発見的な力を持ち続けている。

② 人格特性論

類型論が主としてドイツ語圏で研究されてきたのに対し，特性論(trait theory)はイギリス，アメリカで発展してきた。また，類型論は精神科医や哲学者によって唱えられてきたのに対し，特性論は心理学者の研究によるところが大きい。特性(trait)という言葉を人格

に用いたのはオールポートで，人格特徴の構成単位とでもいうべき概念である(Allport, 1937)。いろいろな状況において，個人が一貫して示す行動傾向が特性という単位でとらえられ，この特性の集合によって人格全体の特徴を記述しようとするのが特性論である。例えば，「感情の浮き沈みの激しさ」という一つの特性を想定した場合，激しさの程度は個人ごとに異なり，それを量的にとらえることができる。しかし人格の特性はそれだけではなく，例えば，生真面目さ，信じ込みやすさ，内気の程度など，さまざまなものが考えられる。それぞれについて，やはり量的にその程度を把握し，それらの集積によって，人格全体の特徴をとらえようとする。

ところで，人格を記述する言葉というのは数限りなくあるので，基本的な特性として何を設定すべきかが鍵となる。この問題を解決する上で，役に立ったのが因子分析という統計的な手法である。因子分析とは，多変量データの相関関係から，より少数の潜在的な因子に縮約するデータ解析の方法である。知能の研究において発展し，データの構造を探索したり，仮説とした構造を確認したりするのに用いられる。

特性論に基づく研究が始まった頃，最も注目すべき研究を行ったのはキャッテル(Cattell, J. M.)である(Cattel, 1950)。彼は，質問紙や行動評定，さらには標準検査などの数多くの項目を集め，それを因子分析することにより，12から16因子を源泉特性(source trait)として抽出した。源泉特性とは，人格特性のうち，外部から直接観察できる表面特性の背後にある特性のことである。これらの源泉特性16因子を用いて，キャッテル16 P.F. 目録(Cattell 16 Personality Factor Inventory)が作成された。

他に，特性論研究で有名な研究者としてはギルフォード(Guilford,

J. P.)がいる(Guilford, 1959)。彼は,キャッテルよりも一層徹底して因子分析による統計結果を重視している。彼が見いだした特性は13因子で,これらの因子を示す特性を図る人格検査がいくつか作成されている。日本では,ギルフォードの理論をもとに矢田部達郎が作成したY-G性格検査が広く用いられている。

特性論は統計的手法を用いる点で,類型論よりも客観的といわれる。特に,個人間の差を「質」ではなく「程度」としてとらえるため,過度の画一化や単純化を避けることができるという点が長所である。しかし,測定結果がモザイク的で複雑になるので,類型論に比べると,個人の人格の全体像を把握するのが難しい。また,統計的な手法を用いて客観性をもたせようとしても,設定する特性概念は理論から導き出されたものであることが多く,理論の数に応じて測定尺度を設定できることにより,尺度の乱立といった問題も指摘される。

こうした特性論研究において近年注目されているのは,特性5因子モデル(Five Factor Model)である。これはビッグ・ファイブ(Big Five)と呼ばれる5つの特性因子によって,人の性格の特徴がほぼもれなくとらえることができるという考え方である。そもそもは,オールポートとオドバート(Odbert, H. S.)(Allport & Odbert, 1936)に始まる語彙研究(lexical study)に端を発したもので,1980年代から盛んになった。現在では5因子を想定した尺度も作成されるようになった。日本において5因子モデルの尺度(FFPQ)を開発した辻ほか(1997)は,尺度に含める5つの因子を,内向性－外向性,分離性－愛着性,自然性－統制性,非情動性－情動性,現実性－遊戯性と命名している。

パーソナルコンピューターの能力が飛躍的に伸びている現在,因

子分析などの統計的処理が手軽にできるようになり，特性論的な尺度を用いた研究はますます盛んになっている。質問紙による特性論的な尺度は今後も増え続けるだろう。

11-4
人格査定の方法論

それでは個人の人格を把握するために，これまで開発されてきた具体的方法をあげる。ここではそれを，大きく「観察法・面接法」と「心理検査法」の二つに分けてみたい。前者は自然状況に近い場面を用いたもので，後者はなんらかの標準化された用具を用いる場合である。心理検査法はさらに，作業検査法，目録法（質問紙法），投映法に分類される。これらのなかには心理学の研究法として開発されたものもあれば，はじめから臨床場面を想定して開発されたものもある。

(1) 観察法・面接法

人間を目の前にすれば，すでにそこに観察が生じているはずである。相手がどのような人間か，我々はまず見定めようとする。次に，同じ言葉が通じることがわかれば，話しかけるであろう。いろいろ質問をしてみることで，その人がどういう人かよりいっそう理解できる。観察と面接は，人格査定の最も基本的な行為である。

観察や面接によって引き出された所感を書き出せば，それは人格査定の結果であるということができる。しかし，ただ漫然と見たり話したりしても，研究や臨床状況で必要となる客観的な資料は得られない。そこで，観察する内容を事前に項目として準備したり，面

接によって投げかける質問をあらかじめ系統的に整理しておくといった工夫がなされる。より客観性を重視するのであれば，行動を評定する尺度やチェックリストが使われる場合もある。しかしながら，観察法・面接法の最大の長所は，自然状況に近い被検査者の様子をとらえることができるという点であることは変わりない。

(2) 心理検査法

心理検査法は，標準的な手続きを備えた課題を課すことによって，客観的に比較可能な被検査者の資料や，自然状況では観察できない特異な状況での反応を引き出す方法である。すでに述べたように，心理検査の内容は，作業検査法，目録法(質問紙法)，投映法に分類される。

作業検査は，一定の作業を課すものであるが，作業の成績だけではなく，その進め方や取り組み方のパターンから人格を把握しようとするものである。

目録法(inventory)は質問紙法(questionnaire)とも呼ばれ，被検査者が性格特性を表す項目に自分がどれだけあてはまるかを判断して回答する方法である。回答の形式は「はい」「いいえ」の2件法からはじまって，3件法，5件法，7件法と選択肢を増やすことができる。

目録法の研究は第一次世界大戦中にアメリカにおいて始められたが，実施が容易で，集団に対して検査できること，検査結果の解釈に経験をそれほど要しないこと，きわめて広範囲の内容を盛り込めることなどから，現在では最も多い人格検査の種類となっている。短所としては，質問が具体的であるため，被検査者が意図的に反応を歪めることができるという点である。そこで，被検査者側の反応

態度をチェックするための尺度も考案されている。

　投映法は,自由度の高い課題の遂行から,被検査者の心的メカニズムを理解しようとするものである。投映法では課題の意図が見えにくいので,目録法の欠点である被検査者の意識的防衛が問題となることが少ない。また,被検査者は自由に反応できること,一つの反応の意味は一義的には決まらないことなどから,検査結果の解釈を多面的に行うことができる。逆に投映法の欠点は,採点の仕方が難しく,解釈に主観的判断が入り込みやすいという点である。検査者のかかわり方が被検査者の反応に影響を及ぼす面も大きいので,一般的に投映法の実施には,十分な訓練と経験が求められるといわれている。

11-5 臨床場面で用いられる代表的な人格検査

　次に,臨床場面で比較的よく用いられる人格検査を紹介する。

(1) 内田クレペリン精神検査

　内田クレペリン精神検査は代表的な作業検査である。加算作業の成績から得られる曲線の型と,全体の作業の水準・誤答の有無などから,被検査者の人格特徴をとらえる検査である。この検査で用いられる連続加算法は,作業心理の研究を行っていたドイツの精神医学者クレペリン(Kraepelin, E.)によって採用されたもので,我が国の臨床心理学者の内田勇三郎が,作業時間の配分に工夫を凝らし,作業人格検査としての形を作った(外岡,1991)。

　検査の課題は単純で,検査用紙にランダムな数字の列が何行も並

んでおり，被検査者は隣接する二つの数字を加算し，答えの1桁目の数を数字の間に書いていく。加算作業は1分間続けられ，1分が終了すると次の行のはじめから再び加算作業を再開する。このような作業を検査者の号令に従って15分間(15行)行い(前期本検査)，5分間休憩した後，再び同じ作業を15分間行う(後期本検査)。

　検査の終了後，採点者は，各行ごとの被検査者が最後に書き終えた数字を直線で結び，作業曲線を出す。そして，この作業曲線の型，作業量，誤答数の3点を総合し，各被検査者の結果を定型(健康者常態定型)か非定型かの判断をしていく。平均的な作業量は，被検査者の知的な水準によって左右されるが，作業に対する取り組み方，注意の持続のさせ方，疲労に対する反応などが，作業曲線にあらわれ，それが被検査者の人格特徴に対応すると考えられる。

　この検査の特徴は，検査そのものが簡単で，集団場面において短時間で実施できるという点である。また，他の心理テストではつかむことができない行動・性格面の特徴，作業における意欲などを把握できる点である。このような特徴から，この検査は，さまざまな分野で利用されている。

(2) YG性格検査

　YG性格検査(矢田部－ギルフォード性格検査)は，辻岡美延が，ギルフォード(Guilford, J. P.)の質問紙をモデルに矢田部達郎らが構成した尺度をもとに作成した120項目からなる目録法の性格検査である(辻岡，1979)。

　検査は，12個の基礎因子と6個の集合因子から構成される。12個の基礎因子とは，D抑うつ性，C回帰性傾向，I劣等感，N神経質，O客観性のないこと，Co協調性がないこと，Ag愛想の悪いこ

とまたは攻撃性，G 一般的活動性，R のんきさ，T 思考的外向，A 支配性，S 社会的外向である。各因子は 3 件法の質問項目 10 個の合計点で表される。

また，12 個の基礎因子は 6 つのグループすなわち集合因子に分類できる。この 6 個の集合因子とは，情緒不安定性因子(D, C, I, N)，社会不適応性因子(O, Co, Ag)，活動性因子(Ag, G)，衝動性因子(G, R)，非内省性因子(R, T)，主導性因子(A, S)である。

さらに因子ごとの得点のプロフィールから，性格の類型的な判断ができるようになっている。類型には，A 類(平均型 Average type)，B 類(注意人物型・不安定積極型 Black–list type)，C 類(安定消極型・平穏型 Calm type)，D 類(安定積極型・管理者型 Director type)，E 類(不安定消極型・変人型 Eccentric type)の 5 類型があり，それぞれについて，典型，準型，亜型(混合型)の 3 種類がある。したがって，性格類型は，合計で 15 類型に分類される。これらのどれにも属さないものは，F 型(疑問型)とされる。

この検査の特徴は，第一に実施や採点が簡便であること，第二に先行研究が多いこと，第三に解釈方法の幅が広いといったことがあげあれる。我が国ではよく用いられる目録法の検査であるといえる。

(3) MMPI

MMPI は，心理学者ハサウェイ(Hathaway, S. R.)と精神医学者マッキンレイ(McKinley, J. C.)によって作成された目録法人格検査で，Minnesota Multiphasic Personality Inventory(ミネソタ多面的人格目録)の略である(MMPI 新日本版研究会，1993)。質問項目は，全部で 550 項目あり，「あてはまる」か「あてはまらない」で答え，「どちらともいえない」をできる限り少なくするように求められる。

この尺度の作成にあたって、作成者たちは、精神医学的診断に客観的な手段を提供することを目指していた。そこで、各尺度の項目の選定にあたっては、因子特性などによる基準よりも、実際に正常群と臨床群の弁別に役立つかが重視された。

下位尺度は妥当性尺度と臨床尺度に分かれる。妥当性尺度は、意図的な反応歪曲がないかなど、被検査者の受験態度を査定するもので、4つの妥当性尺度を設けているというのが本検査の一つの特徴である。

臨床尺度は人格特徴を査定するものであり、次のような10個の尺度がある。すなわち、①心気症(Hs)、②抑うつ(D)、③ヒステリー(Hy)、④精神病質的偏倚(Pd)、⑤男子性・女子性(Mf)、⑥パラノイア(Pa)、⑦精神衰弱(Pt)、⑧精神分裂病(Sc)、⑨軽躁病(Ma)、⑩社会的内向性(Si)である。

この検査は、幅広くさまざまな特性を集めているので、人間の行動、性格特性の包括的リストとして利用可能性が高い。しかし、項目数が多く、被検査者にかける負担が大きいために、我が国での使用頻度は、英語圏でのそれに比べるとそれほど高くない。特定の利用目的として使用しにくく、プロフィール分析にも労力がかかる点も短所である。

日本版には日本女子大版、東大改訂版などさまざまなものがあるが、なかでも、『MMPI 新日本版』は、標準化資料が公開されている(MMPI新日本版研究会, 1997)。

(4) P-F スタディ

P-Fスタディは、The Picture-Association Study for Assessing Reaction to Frustration(フラストレーションに対する反応を査定する

ための絵画-連想研究)の略であり，1945年にローゼンツァイク(Rosenzweig, S.)によって考案された(秦, 1993)。P-Fスタディは日常のストレスに対する反応パターンを明らかにするために，言語連想検査やTATを参考に作成された制限された半投映法である。

この検査は24個の刺激画から構成されている。どの刺激画にも，簡略化された人物が描かれており，どの場面も一方の人物が他方の人物によって不満を起こす状況になっている。この場面をみて，被検査者は，不満を感じているだろうと思われる人物の発言内容を想像し，漫画の吹き出しのような空白に記入していく。

被検査者の反応は，「アグレッションの方向」と「アグレッションの型」という2つの次元に基づいて分類される。アグレッションは一般に攻撃性と訳されるが，ここでは破壊的なものだけでなく，正当な自己主張など建設的な意味も含まれている。「アグレッションの方向」は，「他責 Extraggression」(E-A)，「自責 Intraggression」(I-A)，「無責 Imaggression」(M-A)の3つに分類される。また，「アグレッションの型」は，「障害優位型 Obstacle-Dominance」(O-D)，「自我防衛型 Ego-Defense, Ego-Defense」(E-D)，「要求固執型 Need-Persistence」(N-P)の3つに分類される。これら2つの次元を組み合わせてつくられるカテゴリーに，被検査者の一つ一つの反応が分類される。

本検査は，一つ一つの刺激画への反応のさせ方には投映法的な要素が強いが，24の反応が集計され，結果が数量的に扱われる点や，問題冊子と筆記用具があれば集団でも施行することができるという点で，質問紙法検査の特徴も有している。P-Fスタディ日本版(絵画欲求不満テスト)は，児童用が1955年，成人用が1956年，そして青年用は1987年に完成している。

(5) ロールシャッハ・テスト

ロールシャッハ・テスト(以下，ロ・テスト)とは，スイスの精神科医ロールシャッハ(Rorschach, H.)によって考案された投映法の検査である(Rorschach, 1921)。課題は，偶然にできた左右対称のインクのブロット(しみ)を見て，何に見えるかを自由に答えてもらうというものである。図柄が印刷された図版が合計 10 枚用意されており，そのうち 5 枚が無彩色，5 枚が彩色という構成になっている。検査場面は，はじめに被検査者が見たものを自由に答える自由反応段階と，後で検査者が被検査者の見た反応について確認する質問段階からなっている。検査中の反応は計時され，また被検査者の行動やしぐさも記録される。施行時間は反応数によってかなり左右されるが，反応数が多いと 60 分から 100 分，時にはそれ以上の時間がかかる場合がある。

検査の終了後，記録された被検査者の反応は，領域，決定因，内容，形態水準といった観点から分類・記号化される。領域とは「図版のどこに見たのか」，決定因は「どうしてそのように見えたのか」，内容は「何を見たのか」におおむね相当する。形態水準とは，刺激の形状と反応した内容の形態が，どの程度一致しているかを評価したものである。

結果の解釈は，おもに量的分析と質的分析(継起分析)によってなされる。量的な分析とは，分類された記号の数を数え，標準との比較や記号間の比率などから被検査者の傾向を読み取る方法である。質的な解釈は，各図版に対する反応を，図版の順に沿って吟味し，反応の微妙なニュアンスや，反応の仕方の変化から，被検査者の体験を推測していく方法である。こうした分析によって，創造的資質，知的資質，思考様式，自我の統制力，情動の統制力や表現力，対人

関係，自己認知といった人格特徴が把握できるとされている。また，精神病理水準の鑑別診断にも有力な情報を提供する。

考案者のロールシャッハは，1921年にロ・テストについてまとめた『精神診断学』を出版し，その翌年に亡くなった。ロールシャッハの功績は，アメリカのベック(Beck, S. J.)やクロッパー(Klopfer, B.)に受け継がれ，臨床場面での使用についての研究が積み重ねられた。エクスナー(Exner, J. E.)は，現行のロ・テストの記号化大系や解釈仮説は信頼性に問題があるとし，統計的に徹底した検証を加え，手順どおりの解釈によって初学者でも一定の解釈に到達できるような包括システムと呼ばれる手法を開発した(Exner, 1986)。我が国では，クロッパー法を基にした片口法(片口，1987)がよく用いられていたが，包括システムも徐々に普及してきている。

(6) バウムテスト

バウムテストは被検査者に「木」の絵を書いてもらい，描かれた木から被検査者のパーソナリティの側面をつかむものである。代表的な描画法の検査であり，投影法の一種として分類されている。描かれた木から被検査者の人格的な特徴を知るというアイデアに，職業カウンセラーであったコッホ(Koch, C.)が注目し，『バウムテスト(Der Baumtest)』を著したのがバウムテストの始まりといわれる(Koch, 1952)。バウムテストはその実施の簡便さから広く普及し，日本においても1960年代に紹介され普及していった。

施行法はごく簡単で，紙と鉛筆と消しゴムを渡し，「木の絵を1本描いてください」と被検査者に伝える。樹木であることを強調するために，「実のなる木」という教示の仕方もあるが，これは原法の教示と意味合いが異なり，実が描かれる確率を高めることを認識

しておく必要がある。描き終わった後に、その木について尋ね、解釈の補足に使う場合もある。

解釈の仕方としては、空白画面の中の位置が心理的な意味を象徴するという空間象徴理論や、樹冠、幹、枝、葉などに固有の意味を付与する象徴解釈による方法、標準的な描画発達の資料に照らして発達の水準を評価する方法、知的障害者や精神障害者に特徴的なサインをチェックする方法などがある。

バウムテストはその簡便さと、時に際だった被検査者の特徴が視覚的に得られることから、日本の臨床現場ではよく用いられている。しかし、象徴的な解釈や、単純な印象判断から、被検査者の特徴を断言することは危険であり、他の資料と照合しながら活用することが望ましい。

11-6 援助的面接の中の心理査定

(1) 広義の心理査定

現在、多くの心理臨床家は、学校の相談室、教育相談所、病院や民間のクリニックなどでカウンセラーとして働いている。その業務は、悩みを抱えるクライエントに対する相談面接を行うといった援助的介入である。こうした援助的面接を行う上で、心理査定はどのように位置づけられるのであろうか。

心理学的な援助を求めてくる人々の訴えは、さまざまである。「人前で緊張して、社会的な場面で苦痛を感じる」、「子どもが学校に行きたがらない」、「夫婦のコミュニケーションがうまくいかず、結婚生活が危機状態にある」、「会社で事故があり、就労者の不安が

高まっている」など多岐にわたる。こうした多様な訴えを，心理的援助につなげるために，心理臨床家はまず，クライエントの問題の性質を見極めなければならない。

心理臨床家は，クライエントの訴えに耳を傾け，必要な情報を集めながら，多種多様な要因について問題との関連を吟味する。そうして，クライエントが抱える問題の本質を理解しようとする。さらに，クライエント自身の資質，クライエントを取り巻く環境のなかで，問題解決に資する要因がないかも吟味する。それらを加味しつつ，対処の方針を引き出そうとする。この一連の過程全体を，心理査定ととらえることができる。

ワイナー(Weiner, I. B.)は，心理療法の初期段階を評価と査定の段階として，その過程を詳しく述べている(Weiner, 1975)。彼によれば，評価の段階はさらに，①提出された問題を確認すること，②問題の文脈・背景を理解すること，③クライエント個人について理解してゆくこと，④支援方法の見立て(working formulation)に到達すること，という4つの段階に分けられる。

このような心理学的な援助を前提とした査定に近い概念として，最近ではケース・フォーミュレーション(case formulation)という言葉が使われることが多くなってきた(Bruch & Bond, 1998; McWilliams, 1999; Johnstone & Dollas, 2006)。その定義は今のところ一定していないが，一人のクライエントについてのデータや情報から，問題の背景，問題発生の継起，問題を持続させる要因，診断的理解，クライエントの個人的資質，環境の条件，適した援助の指針などをまとめあげたものを指している。後で述べる精神医学的な診断，特にマニュアル化された診断の枠組みが，クライエントの個別性に応じた問題理解や援助指針の提供を含まないことを考えると，このケ

ース・フォーミュレーションはそうした診断と援助の間を埋めるものということもできる。ここでは，それを，援助のための心理査定によって引き出された，まとまりのある一定の見解，あるいは「見立て」という意味で使う。

このような査定のプロセスは，情報収集と情報処理という二つの側面からとらえられる。第一に，クライエントの問題とクライエントに関する情報を集めるプロセスがある。通常それは，相談面接の初期段階，初回面接やインテーク面接での聞き取りや観察を通して行われるが，場合によっては心理テストなど狭義の査定技法が活用されることもある。第二に，集められた情報は，有機的に結びつけられ，一定の見解にまとめられなければならない。そこには，問題を生み出し維持している原因に関する仮説が含まれており，それと連動する形で改善のための方針が示される。この情報処理の結果が，ケース・フォーミュレーションであると言えよう。この一連の過程を図式化したものが図 11・1 である。

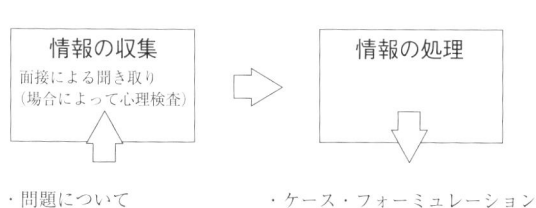

```
┌─────────────────┐          ┌─────────────────┐
│   情報の収集      │   ⇨      │   情報の処理     │
│ 面接による聞き取り │          │                 │
│(場合によって心理検査)│         │       ⇩        │
└─────────────────┘          └─────────────────┘
        ⇧
・問題について                  ・ケース・フォーミュレーション
・クライエントについて
・クライエントを取り
  巻く環境について
```

図 11・1　広義の心理査定のプロセス

(2) 初回面接において収集する情報

 初回面接あるいはインテーク面接において、基本的に収集すべき情報はいくつかのカテゴリーにまとめられており、その聴取の仕方を学ぶことが臨床訓練の第一歩となる。我が国の心理臨床教育において、初回面接で収集する情報として教えられている内容を、以下に簡単にまとめておくことにする。

 ① 主訴(chief complaint)

 主訴とは、クライエントが来談に至った理由のことである。初めての来談でクライエントが述べる来談理由が主訴である。先に例にあげた、「人前で緊張する」「子どもが学校に行かない」といった理由は、どれも主訴に当たる。

 主訴は、クライエントが来談する際に、最初に差し出す「入場券」のようなものである。そして当面は、これが相談関係を成立させる最もはっきりした理由となる。また、クライエントを理解するための最初の手がかりとなるのも主訴である。クライエントによっては、緊張や警戒心から本当の主訴を述べないこともあるが、クライエントが主訴として何をあげるのか、なるべくクライエントの表現するままに記録しておくことは重要である。

 ② 現在の問題(presenting problem)

 現在の問題は、査定面接の中でまず聞き取らなくてはならない内容である。通常、それは主訴の内容を、詳しく尋ねていくというかたちで進められる。

 問題はさまざまである。身体的な痛みや不調である場合もあれば、不安の感覚であったり、対人関係上の事象であったり、自分の性格の特徴であったりする。その性質を正確につかむには、問題に関連するさまざまな特徴、例えば頻度であるとか、持続期間、問題の生

起と関連していそうな要因，問題の影響などを確認しておく必要がある。

また，クライエントの問題をより深く理解するには，それが生じる文脈に位置づけることが重要である。クライエントが，問題を感じる際の一連の出来事をエピソードと呼んでいる。エピソードを語ってもらうことで，より具体的に問題の特徴をつかむことができる。

精神科領域やそれに準ずる領域では，こうした問題は症状(symptom)という医学的な概念でとらえられる。医師の診断は，症状を聞き取り，その上で疾病を特定することに向けられる。一方，心理臨床家の査定は，クライエントがどのような疾病を持っているのかではなく，その疾病をめぐってどのような心理的な困難を抱えているのかという点に向けられる。例えば，ある精神病のクライエントは，その病気が家族に理解されないということを苦痛に思っているのかもしれない。この心理的な苦痛を特定するということが，心理査定にとって重要な部分になる。

③ **問題歴**(history of problem)

現在提示されている問題の性質をある程度把握したら，次にその問題がいつからはじまり，どのような経過を経て今日に至ったのかを知る必要がある。

問題がはじめて発生したときの状況を知ることは，問題の性質を理解する上できわめて重要である。そのときの問題はどのようなものであったのか，問題が発生した時期にクライエントはどのような環境におり，どのような生活をしていたのか，問題発生に関連がありそうな出来事がなかったのかなどについて尋ねる。

問題が発生して以降の経過においては，問題の消長や，消長に関連すると考えられる出来事を尋ねるだけでなく，問題に対してどの

ような対処を行って来たのか，あるいはしなかったかを尋ねることが重要である。これは，相談歴，あるいは治療歴と呼ばれる。問題解決に対するクライエントの取り組み方，過去の援助方法の有効性を知ることは，今後の援助を有効なものにするうえで大切な情報となる。

④ クライエント個人に関する情報

問題に関する情報収集がある程度一段落したら，次にクライエント個人についての理解に目を向ける。

第一の事柄は，家族状況(family situation)である。クライエントがどのような家族と一緒に暮らしているのか，親はどのような人たちで，クライエントとの関係はどうなのか，家族メンバー同士の関係はどうなのか，といった点である。

第二の事柄は，学校，職場など，クライエントの社会的な活動の場である。学校場面や，職場におけるクライエントの様子を聞くことで，知的水準や社会的スキルなど，クライエントの機能水準を把握することができる。また，同世代の人間関係，あるいは上司部下といった上下の人間関係の特徴を把握することは，クライエントの性格を理解する上で欠かせない情報となる。

家族関係と，学校，職場の状況を合わせると，クライエントの現在の生活状況(current living situation)をおおよそ把握できることになる。

次に，この生活状況を時間軸に沿ってスライドさせる。クライエントが誕生してから，どのように育てられ，どのように成長し，どのような道筋を経て現在に至ったのか，その間にどのようなライフ・イベントがあったのかを，伝記的になぞっていくのである。こうした情報は，クライエントの個人史(personal history)あるいは

生育歴(life history)と呼ばれている。特に、幼少期の親子関係や兄弟関係などの家族歴(family history)は、クライエントの性格形成と深くかかわっていると考えられるので、なるべく面接初期に把握すべき基本的情報である。さらに、学歴(education)や職歴(work history)もまた、クライエントの性格や心的機能水準を推測する上で参考になる。

⑤ 臨 床 像

査定に用いられる情報は、クライエントの話からだけで得られるわけではない。面接者の視覚的、聴覚的に感知されるクライエントの印象も重要な臨床的資料であり、これらは総じて臨床像と呼ばれている。体格、容姿、表情、身のこなし、服装、話し方などを観察する。そうした印象は、話された内容からだけでは得られない貴重な情報を含んでいる。

11-7 心理査定のプロセスと診断

ここまで面接の初期段階に、どのようなことがらを聞き取っていくのか、どのような情報を集めていくのかについて述べてきた。しかし、心理査定のプロセスは、そこで終わるわけではない。集められた情報をもとに、判断や推論を行わなくてはならない。

査定における判断や推論は、ただ集められた情報を眺めているだけでできるわけではない。判断や推論をするための、準拠枠や判断軸が必要であり、それは理論や経験知が総合されてでき上がるものである。そうした準拠枠の一つとして精神医学的な診断のカテゴリーがある。心理臨床家がクライエントにかかわる視点は医師のそれ

とは異なるが,クライエントの問題を理解し,援助の指針を出すためには,精神医学的診断枠からの理解も考慮しておくべきである。

本節では,精神医学的な診断とともに,精神分析的伝統のなかで培われてきた心理力動的な診断概念を提示する。それは,力動的な見立てを行うための準拠枠として有用性が高く,また長い伝統の中で洗練されてきた考え方だからである。特に,精神医学的な診断の考え方と対置させることによって,診断に関する見方を広げてもらうとともに,心理療法についての理解を深めてもらえるのではないかと思う。

(1) 精神医学的診断

心理臨床家が活動する場は,医療,福祉,教育,産業,司法と幅広く,そこで扱う問題は必ずしも精神医学的な疾患というわけではない。しかし,医療現場をはじめとして,精神医学的な疾患を抱えたクライエントと出会うケースが多いというのも現実である。したがって,精神医学的な診断に関する知識をもっていることは,実際の臨床の仕事に携わる上で重要である(第1章表1・1も参照のこと)。

我が国の精神医学では,外因(exogenous),内因(endogenous),心因(psychogenic)という病因に基づく分類が長く用いられてきた。外因性の精神障害とは身体的原因によるものをいい,脳腫瘍,頭部外傷などの脳そのものの変化による器質精神病,身体の病気の影響によって起こる症状精神病,アルコールや薬物依存による中毒精神病に分けられる。一方,内因性の精神障害ははっきりとした原因が特定できないものをいい,ただし,神経伝達物質のアンバランスによる脳機能の障害や,遺伝的な素質因が想定されている。これは大

きく統合失調症と躁うつ病の二つに分けられる。心因性の精神障害は，心理的ストレスや性格，環境などが関与すると考えられるもので，神経症と呼ばれてきたものが代表的なものである。

1960年代から国際的に統一的な診断の基準を作成するという試みが活発化した。代表的なものがアメリカ精神医学協会(APA)による「精神障害の分類と診断の手引き」(DSM; Diagnostic and Statistical Manual of Mental Disorders)と，世界保健機構(WHO; World Health Organization)による国際疾病分類(ICD; International Classification of Diseases)である。DSMは現在第4版(DSM–IV–TR)，ICDは第10版が出ている。ここではDSMについて少しだけ触れておく。

DSMの最大の特徴は，病因論的な仮説を一切不問に付し，症状記述に徹することで，診断基準を明確にし，症状の有無をマニュアルに照らすことで診断にたどりつくという操作的診断法になっているという点にある。また，5つの軸を設定することによって，多面的な評価が可能になっている。そのうちよく使われるのは，第1軸の臨床疾患と第2軸の人格障害，精神遅滞である。第1軸の臨床疾患は，臨床的な関与が必要な精神疾患のことを指し，診断カテゴリーの中核をなしている。人格障害や精神遅滞のように，恒常的に抱えなければならない障害は，第2軸に置かれている。DSMによる診断基準を例示するために，表11・1に統合失調症の診断基準を引用しておく。

(2) 心理力動的な診断の考え方

心理力動的な観点は，現象そのものの背後に，無意識も含めた心のダイナミックな動きを仮定する。そして仮定された心の動き方の特徴から，精神病理の分類を考えるのである。

表 11・1 統合失調症の診断基準

A. **特徴的症状**：以下のうち2つ(またはそれ以上)，おのおのは，1カ月の期間(治療が成功した場合はより短い)ほとんどいつも存在：
  (1) 妄想
  (2) 幻覚
  (3) まとまりのない会話(例：頻繁な脱線または滅裂)
  (4) ひどくまとまりのないまたは緊張病性の行動
  (5) 陰性症状，すなわち感情の平板化，思考の貧困，または意欲の欠如
  注：妄想が奇異なものであったり，幻聴がその者の行動や思考を逐一説明するか，または2つ以上の声が互いに会話しているものであるときには，基準Aの症状を1つ満たすだけでよい。

B. **社会的または職業的機能の低下**：障害の始まり以降の期間の大部分で，仕事，対人関係，自己管理などの面で1つ以上の機能が病前に獲得していた水準より著しく低下している(または，小児期や青年期の発症の場合，期待される対人的，学業的，職業的水準にまで達しない)。

C. **期間**：障害の持続的な徴候が少なくとも6カ月間存在する。この6カ月の期間には，基準Aを満たす各症状(すなわち，活動期の症状)は少なくとも1カ月(または，治療が成功した場合はより短い)存在しなければならないが，前駆期または残遺期の症状の存在する期間を含んでもよい。これらの前駆期または残遺期の期間では，障害の徴候は陰性症状のみか，もしくは基準Aにあげられた症状の2つまたはそれ以上が弱められた形(例：風変わりな信念，異常な知覚体験)で表されることがある。

D. **失調感情障害と気分障害の除外**：失調感情障害と「気分障害，精神病性の特徴を伴うもの」が以下の理由で除外されていること
  (1) 活動期の症状と同時に，大うつ病，躁病，または混合性のエピソードが発症していない。
  (2) 活動期の症状中に気分のエピソードが発症していた場合，その持続期間の合計は，活動期および残遺期の持続期間の合計に比べて短い。

E. **物質や一般身体疾患の除外**：障害は，物質(例：乱用薬物，投薬)または一般身体疾患の直接的な生理学的作用によるものではない。

F. **広汎性発達障害との関係**：自閉性障害や他の広汎性発達障害の既往歴があれば，統合失調症の追加診断は，顕著な幻覚や妄想が少なくとも1カ月(または，治療が成功した場合は，より短い)存在する場合にのみ与えられる。

▶**縦断的経過の分類**(活動期の症状が始まってから少なくとも1年を経過した後初めて適用できる)
  挿話性でエピソードの間欠期に残遺症状を伴うもの(エピソードは顕著な精神病症状の再出現として定義される)　▶以下も該当すれば特定せよ：顕著な陰性症状を伴うもの
  挿話性でエピソードの間欠期に残遺症状を伴わないもの
  持続性(顕著な精神病症状が，観察の期間を通して存在する)　▶以下も該当すれば特定せよ：顕著な陰性症状を伴うもの
  単一エピソード，部分寛解　▶以下も該当すれば特定せよ：顕著な陰性症状を伴うもの
  単一エピソード，完全寛解
  他のまたは特定不能の型

出典) APA, 2002 日本語版, pp. 304-305

11-7 心理査定のプロセスと診断

　心理力動的な診断の特徴の一つは、健康と病理の間に連続体を想定するという点にある。健康な人であっても病的な要素を部分的には抱えているし、病的な人であっても健康な部分は残っている。両者の区分はそれほど明確ではない。また、表面に現れた病理の背後に想定される心の動きは、程度に差はあっても健康な人の心の中にもみられるものである。そこで、心理力動的な観点では、精神的な疾病を独立の単位としてカテゴリー化するのではなく、健康から病理に向かうラインにいくつかの水準を設定する。水準として、正常水準、神経症水準、境界水準、精神病水準という表現が伝統的に用いられてきた。

　正常から精神病という水準は、どのような基準によって評価されるのであろうか。一つの基準は、適応的な自我機能(ego function)、すなわち現実適応のために働く心的な能力である。代表的なものとして現実検討(reality testing)がある。現実検討とは夢、空想、思考といった個人の内界で起こっていることと、実際に起こっている現実の事象を区別する力である。幻覚や妄想といった、精神病水準の症状は、こうした現実検討力の不全としてとらえることができる。

　もう一つ重要な要素は、自我の防衛機制である。防衛機制(defense mechanism)とは、内的な葛藤や、対人関係で生じる不安を避けるために、無意識的に働く自己防御的な心の働きである。防衛機制には、正常から神経症水準で用いられる比較的健康なものと、境界水準から精神病水準で用いられる、より原始的なものがある。どのような防衛を用いる傾向があるのかについては、精神病理の水準を理解するためのもう一つの重要な指標である。

　以上のように、自我機能の不全の程度、そして使用する防衛機制の種類と程度によって、健康から病理にかけての水準を設定すると

いうのが，心理力動的な診断の重要な特徴である。DSM に代表される精神医学的診断の枠組に比べると，心理力動的診断には「無意識」や「防衛機制」など，さまざまな仮説的概念が含まれるのが特徴である。

11-8 心理査定が生かされる臨床現場

最後に，臨床心理学の心理査定技術が活用されている臨床現場の実例を，いくつか紹介しておく。

(1) 児童相談所における判定

児童相談所は，1947年に制定された児童福祉法に基づき，各都道府県ならびに政令指定都市に設置された児童福祉施設である。児童の福祉に関するさまざまな相談を受けつけており，児童福祉行政の中核を担っている。業務の内容は，相談，調査，判定，一時保護，措置などに分けられる。スタッフとしては，児童福祉司と呼ばれるケースワーカー，心理判定員，精神科医など，さまざまな職種の人が関わっている。なかでも，心理査定に関わるのは，心理診断を行う心理判定員である。

心理判定は，相談にきた親子や，援助にかかわるほかの職種に提示する「心理学的援助の処方箋」といわれる(田中，2002)。実際には，心理判定員が，心理検査，面接，行動観察を通して，児童の適応能力(知能，社会適応力，学力など)や，情緒成熟度，意欲や欲求，対人関係の持ち方などを把握し，福祉的援助の必要性や，継続的な心理治療の必要性を判断することである。

児童相談所が受け付ける相談の内容は,大きく養護相談,保健相談,非行相談,障害相談,育成相談に分けられる。各相談事例について処遇の指針を出すプロセスの中に心理判定が位置づけられている。処遇の中には,在宅における種々の指導,児童福祉施設への入所措置などさまざまなものがある。心理判定の結果は他の専門家に

表 11・2 児童相談所における心理検査と投映描画技法

知能検査(個別式)
　全訂版田研・田中ビネー知能検査,鈴木ビネー式知能検査
　ウェクスラー式知能検査:幼児用(WPPSI),児童用(WISC-Ⅲ),成人用(WAIS-Ⅲ),コース立方体検査,グッドイナフ人物画知能検査(DAM)
発達検査
　遠城寺式乳幼児分析的発達検査,津守・稲毛式乳幼児発達診断検査
　デンバー式発達スクリーニング検査,新版K式発達検査,MCCベビーテスト
視知覚発達検査
　ベンダー・ゲシュタルトテスト,ベントン視知覚検査
　フロステッグ視知覚発達テスト
言語発達検査
　ITPA言語学習能力診断検査,絵画語彙検査,言語発達質問紙
性格検査
　投映法
　　ロールシャッハ・テスト,TAT(絵画統覚検査),CAT(児童用絵画統覚検査),文章完成法テスト(SCT),PFスタディ(絵画欲求不満テスト)
　質問紙法
　　矢田部-ギルフォード(YG)性格検査,ミネソタ多面人格目録(MMPI)
　その他
　　親子関係診断テスト,適応性診断検査,児童用不安検査(CMAS),エゴグラム
投映描画検査(課題画)
　HTP(家・本人・人)テスト,バウムテスト,家族画,動的家族画(KFD)
　人物画,樹木画,風景構成法
投映描画技法
　スクィグル,Scribble法,交互色彩分割法,卵画,洞窟画,コラージュ法

出典)田中勝博,2002,p.38を一部改変

よってなされる社会診断，医学診断，行動診断などの結果とともに，判定のための判断材料となる。こうした判定業務の中には，知的障害者に対する療育手帳交付に関わる判定もある。手帳が交付されると，税金の減免をはじめとした福祉サービスが受けられるが，各自治体の福祉事務所は，児童相談所の判定結果を受けて交付の手続きを進める。

心理判定に用いられる臨床心理学的専門技術としてまずあげられるのは心理検査であろう。そこで用いられるのは単独の検査ではなく，児童の問題や状態に応じて，必要な検査を合わせてテスト・バッテリーが組まれるのが普通である。児童相談所でよく用いられる心理検査の一覧を表11・2に示す。

しかしながら判定は心理診断単独行われるわけではなく，他職種の診断結果をあわせ，合議によって進められる。そこで心理判定員に求められる役割は，心理診断の結果を示すだけでなく，他の所見に含まれる心理学的な意味を読み取り，心理学的な視点から助言を行うことである。すなわち，心理検査といった専門技術の行使に加えて，それまでの経験と理論的な知識を総合し，多岐にわたる情報を統合して，児童の処置についての一定の見解を提示することが，心理判定に関わる専門技術者の役割であるということができよう。

(2) 少年鑑別所

心理査定を中心とする臨床現場として法務省が設置する少年鑑別所がある。少年鑑別所は，20歳未満の非行少年を対象とした少年司法・行政機関である。非行少年に対する処遇は，少年法という法律のもと，家庭裁判所の司法判断によって決められる。処遇の選択としては，社会内で保護司や保護観察官によって指導・監督を受け

させる保護観察と，少年院に収容して矯正教育をほどこすという少年院送致がある。こうした決定が行われる前，すなわち家庭裁判所の調査期間に，身柄を保全し，詳細な資質鑑別を行う必要があると判断された場合，少年は少年鑑別所に収容される。

少年鑑別所では，通常最大4週間の期間，少年を預かる。その間に，鑑別のための面接，身体状況の調査，心理検査，行動観察などを行って，少年の抱える問題を明らかにし，処遇の方針を立てる。鑑別の結果は家庭裁判所に送られ，審判決定の資料となるが，鑑別の面接や心理検査を行い，結果の報告書を作成するのが，心理学等を専門とする法務技官である。

鑑別において調べられる内容は，家族歴，生育歴，教育歴，職業歴，身体状況，精神状況，不良行為歴，本事件の行為，入所後の動勢など広範にわたるが，聴取の目的は少年の矯正に関して最良の方針を立てることにある。つまり，それは単なる事実認定のための調査ではなく，有効な指導の方針を立てるために，非行が生み出された心理的背景を理解しようとする試みである。そのために，さまざまな心理学の技術と理論が，適用・援用されるのである。

◖まとめ◗
☐ クライエントが抱える問題や，クライエントの特性を心理学的な次元から理解することを心理査定という。
☐ 知能や人格などの心理的特性の測定・評価は，伝統的に臨床心理学者の担う中心的な仕事の一つであった。
☐ 知能の測定のためにさまざまな検査法が開発されており，それらは個別式検査と集団式検査，言語性検査と動作法検査などに分けられる。
☐ 人格を測定・評価する方法としては，観察法，面接法，検査法があり，検査法には作業検査法，目録法（質問紙法），投映法といった種

類がある。
❏ クライエントの問題を理解し，クライエントの個人的特質やクライエントを取り巻く環境の要因を考慮に入れつつ，援助の指針までをまとめあげたものを，ケース・フォーミュレーションという。
❏ 初回面接において収集すべき主な情報として，主訴，現在の問題，問題歴，クライエント個人に関する情報，臨床像などがある。
❏ 心理療法を行う上では，精神医学的な診断だけでなく，心理力動的な診断を考慮する必要がある。
❏ 心理査定の専門技術が活用されている公的な機関としては，児童相談所や少年鑑別所がある。

◀より進んだ学習のための読書案内▶

上里一郎(監修) (2001)．心理アセスメントハンドブック(第2版) 西村書店
リヒテンバーガー他／上野一彦(他監訳) (2008)．エッセンシャルズ 心理アセスメントレポートの書き方 日本文化科学社
マックウィリアムズ／成田善弘(監訳) (2006)．ケースの見方・考え方 創元社
　　☞心理査定・アセスメントについて上記のような図書が参考になる。

◀課題・問題▶

1．ターマンが考案した知能指数と，現在多く使われている偏差知能指数の違いについて説明せよ。
2．人格検査の目録法と投映法を比較し，それぞれの長所と短所を述べよ。
3．心理臨床家が行う心理査定と精神科医が行う精神医学的診断の違いを簡潔に述べよ。
4．心理臨床の現場で心理臨床家が行う心理査定のプロセスとはどのようなものか簡潔に述べよ。

12章

臨床心理学の学習

臨床という学びの特徴

◀キーワード▶
臨床学習の三角形，臨床実習，臨床体験，参加観察，参加学習，臨床陪席

●● 12-1 ●●
歴史と展開

　臨床心理学の歴史を見ると，心の苦しみや不安に対して援助する人は，近代以前では，神から選ばれた人とみなされていた。特別の才能をもった人々であった。現在でも，アメリカに住む原住民のメディシン・マン(祈祷治療者)などは，そのように考えられている。また，日本でも沖縄のユタや東北地方のイタコの人々は，神様から選ばれた特別の才能をもったものであり，その人々が日夜修業をしてはじめて，心の問題に苦しむ人々の援助ができると考えられている。この点については，第1章で少し述べた。

　これまでの仏教やキリスト教など，組織的宗教に携わる僧侶や牧

師も同じところがあるのではないだろうか。訓練のための学校や修道院といった場所はあるが，そこに入るためにはかなり選別がなされ，神仏に仕える独自の才能や能力が備わっている人々が参加していた。しかし，組織的な宗教が世俗化されてきて，必ずしも神によって選別された特別の能力や才能をもった人というより，教育によって育てられるものと考えられるようになってきている。また，家族によって引き継がれる「世襲の職業」という形をとることが多くなっている。

　心の援助活動は歴史的に宗教や宗教家の神聖な役割であり，聖別された特殊な仕事に携わる人々と考えられていた。これらは近代に至ると，次第に変化をするようになってくる。医学に例をとると，医師の役割は，古代の医療といっても祈祷が中心であった。身体の知識と病の理解によって対処方法が次第に変化してきた。そして今日の医師は複雑な知識や技法を駆使して医療の活動を行っている。

　医師になるためには，法律に基づいて設立された医学校において，法律に基づいたカリキュラムによって一定の知識と技能を身につけ，その研修を証明する国家試験に合格しなければ，医師としての免許は与えられない。また，医師の免許なしに医療行為を行うことはできない。このことは常識になっている。これは医療が進歩し，知識が増大することによって学ぶものが多いのと同時に，それを学ばないと，傷病者にとって危険が大きいことについて，国や社会がはっきりとした制限や枠組みをもっていることを意味している。

　この点を臨床心理学について考えてみるとどういうことになるだろうか。一般市民が，適切な援助を受け，また被害を避けることができるのだという社会全般の認識の土台となるだろう。国家資格の問題は法律により，教育・研修に一定の基準が設けられる。法律に

よる資格の規定と免許の発行がなされることになる。このように，質の保証（担保）を得た専門家に援助を受けることができる。これは受益者としての一般市民にとって心強いことではないだろうか。臨床心理学の発展の中で，この国家資格が実現したことは画期的なことである。

さて，一方では，技法的にも，領域的にも広がっている臨床心理学は，法律に則って，政令・省令で定められるカリキュラムによって研修内容や技法の習得をする。国家資格である公認心理師になるためには，このカリキュラムによって学び，国家試験にパスしなければならない。

12-2
臨床心理学の学習内容

(1) 学習の三角形

臨床心理学の学習には，「知的学習」「実習的側面」「体験学習的側面」の3つの側面がある（図12・1参照のこと）。知的学習の側面というのは，臨床心理学の研究や経験を著書や研究資料を通して学習する側面である。これは文字学習と言ってもよい。初心者にとってとっつきやすいだろう。

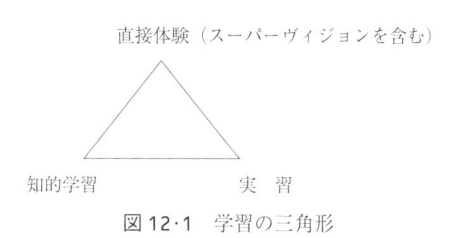

直接体験（スーパーヴィジョンを含む）

知的学習　　　　実　習

図12・1　学習の三角形

次に，実習的な側面というのは，現実に臨床の場において展開している臨床心理学的な活動に参加しながら観察を行うという活動である。教育現場で子どもを観察したり，医療の現場で医師や看護師の仕事を観察したりする活動である。これは教科書や知的学習と違ったものを提供する。

　体験学習は実際に自分が心理療法やカウンセリングの当事者になって，援助活動を行いながら研修・学習をするという活動である。この現場の体験は習熟した人の監督の下で行われることによって，クライエントの側の安全が保障されている。ここではまた，細かい技術的な指導であるスーパーヴィジョンを欠かすことはできない。

　学生はこのような3つの違った学習体験を通して，臨床心理学の活動の本質的な側面に気づき，学んでいくのである。以下に，これら学習の三角形について述べて見たい。

(2) 知的学習の側面

　日本の臨床心理学の現状は，オリジナルな著書，外国の教科書や専門書の紹介や翻訳書など，選択に困るぐらいに多くのものが存在している。指導者によって適切な教科書や専門書が選ばれるかどうかが重要な学習の要点になるということができよう。現在では，日本で臨床心理学の第1世代の人々は臨床経験を積み，それらの経験を著書として多く残している。これは50年近く前，筆者が学生の頃には想像することができなかった素晴らしい情況である。これらの著書には，日本での臨床経験が記述されているので，翻訳書と違って臨床的にずっと身近であるということができよう。

　臨床的な著書の特徴は，著者たちの臨床経験が深く盛り込まれていることである。若い初学者がこれらの著書を読んで，十分に理解

12-2 臨床心理学の学習内容

することができるかどうかは微妙なところである。臨床に関する著書は，読む人の経験のレベルによって，学び取るところが違ってくる。さらりと記述されている文章を，たとえ注意深く読んでも，見落としてしまうような重要な意味も少なくない。実際に，臨床心理学の教科書や専門書は，期間をあけて何度も読み返す必要がある。読む人の経験が深まると，教科書に記されている臨床的な意味がそれまで以上に理解できるようになることも少なくない。臨床的な著書の特徴は，このように経験の深さによって，読む人と著者の相互の理解が力動的に展開することが少なくないところである。

この点は実験的な資料を示して解説する実験心理学の教科書や専門書とかなり異なっている。掲載された数的な資料を教科書で読むとすれば，数値がかわることはないので，ひとたび理解できれば，それで間違いはないのである。しかし，臨床心理学に関する教科書や専門書は読み方も気をつけることが必要となるのと同時に，何度も時をおいて読み直す必要があると言うことを指摘しておきたい。

臨床心理学に関する教科書や専門書は経験が記述されているので，読む人はこの教科書や専門書と対話をするように読む必要がある。読みながら，働きかけ，問いかけ，こちらの問いに答えられているかどうかを確認しながら読むということになるのである。このような読書のスタイルは頭を使った知的な学習というより，全身で読書をしているという感じになる。本に衝撃を受けたり，唸らせられたり，挑戦させられたり，立ち止まらされたり，深呼吸をしながら読んだり，反発したり，複雑な読書の体験過程が展開する。そのように対話をして読んだ著書は，読む人を納得させ，読む人を知的な満足というより，全身的な満足を体験させてくれるものである。このような満足感や理解の仕方を「納得する」とか，「体でわかる」と

いっている。臨床心理学の場合，それを実行する必要がある。臨床場面ではしっかりと納得していないと，自分のものとして相手に働きかけることができないからである。

(3) 参加観察的な側面

臨床的なコアになるクライエントとの面接の前の，あらゆる準備のための経験学習が実習であると考えることができる。これには「施設での参加観察」「診察・治療場面への陪席観察」がある。以下にこの点を説明しておきたい。学部段階の参加観察と大学院で専門的に臨床心理学を学んでいる場合とでは若干違ってくることを知っておいてもらいたい。

① 施設での参加観察について

臨床施設には多くのものがある。児童施設についても「児童相談所の一時保護施設」「情緒障害短期治療施設」「児童養護施設」「幼稚園」「保育所」「児童館」「小学校の普通クラス」「障害児支援クラス」「保健室登校の子どもとの参加観察」などさまざまである。そこで経験して得られるものも少しずつ違ってくるだろう。しかし，それぞれの子どもたちに長期的，定期的にかかわることによって，自分の子ども時代を再確認したり，また新しい世界を理解したりすることができる貴重な経験である。ただ，学部の教育では長期的，定期的な参加観察を与えられる余裕はないだろう。夏休みなど長期の休みで時間が取れるときに，ボランティアとして参加する機会を積極的にもつことができれば，学ぶことも多いだろう。

また，病院関係で代表的なのは，「精神科の病院」である。臨床心理学を学ぶためにはこの参加観察は必須のものである。しかし，ここでも，学部の学生は長期定期的には参加観察は許されない場合

が多い。たとえ学部段階で経験できなくとも，これらは大学院で専門的な勉強をすることになったら経験ができるようにしなければならない。

社会施設で臨床心理学に関係の深いものには，「少年院」「家庭裁判所」「少年鑑別所」「老人保健施設」「老人養護施設」「刑務所」「拘置所」などがある。臨床施設はどこでも多くの人が入所したり，利用したり，収容されたりしている。だから，実験室で研究をするようにこちらの都合でことを進めるということはできない。参加観察が可能かどうかは施設の性質による。またどの程度参加できるかも施設によって違う。参加観察者は外部の人間であるので，内部の入所者に迷惑にならないように注意し，また施設の方針に従って観察をすることが重要である。あくまで学生のために協力をしてもらっていることを考えて行動しなければならない。

② 診療・診察場面での陪席による観察

診療や診察の場面を参加観察するのは，医学部では医学部のインターンや研修医の場合に行われている研修方法である。これと同じ研修を臨床心理学の大学院では精神科系の病院で受けることが義務づけられている。これらは大学院の研修システムといってよい。学部の学生は，将来，これらの研修や経験が要求されることを認識しておくことが大事であろう。学部段階での学習として可能かどうかは別として，このような研修や臨床経験が重要であることを知っておくことは意味があるのではないだろうか。そして臨床心理学の専門的な勉強をしたいなら，大学院に入って臨床心理学を積極的に学ぶとよいだろう。

③ 体験的学習の側面

体験学習とは，実際に自分が専門家の役割を取って，児童や青年，

また親や老人といった人々に出会い，臨床心理学的サービスを行うという経験である。これは学部の臨床心理教育では行われない。重要なことは，臨床心理学の学習には，このように極めて重要な勉強であるが，学部の学生としては許されないということも多くあることを認識しておくことが必要である。そのために擬似体験としてロールプレイが行われることが多い。

ロールプレイは臨床場面と似た場面を想定して，教師や先輩臨床家の指導のもとで，カウンセラー役やクライエントの役をとりながら体験することである。これらは真似事といってもよい。しかし，実際にやってみると，なかなか難しいことがわかるだろう。また，よい指導者のもとで実施すると大変よい体験学習になるものである。このとき，監督やスーパーヴィジョンを欠くことはできない。監督やスーパーヴィジョンというのは，臨床心理の経験を積んだ教師や外部の指導者に，実際の臨床場面ではどのようになるかについて，指導してもらうことを称している。これらの訓練というか，研修・教育は欠くことのできないものである。また，大学院の臨床心理学の教育・研修カリキュラムでは必須のものになっている。大学院での臨床心理学の勉強がいかに興味深いかということと同時に，また責任が重いということでもあることを知っておいてもらいたい。

◖まとめ◗
☐ 臨床心理学の学習の特徴は学習の三角形ということである。
☐ 臨床学習には，ただ知的学習のみではない，現場についてよく接して考えることが大事である。

◖課題・問題◗
1. 臨床心理学での学びの特徴とは何だろうか。
2. 臨床心理学の学びでの困難点はどのようなところだろうか。

13章

臨床心理学の研究

研究することの意味

■キーワード■
真実, 実験的研究, 事例研究, 研究の意義, 臨床心理学研究の特徴, 参加観察者, 心の現実, 合意による妥当性, 一例研究, 調査研究

● ● 13-1 ● ●
研究とはなんだろうか

　素朴にいうと, 世の中の「真実」に近づくこと,「真実」を明らかにすることということができる。何かを「知る」ということを目指しているということができる。心理学の場合,「真実」とは人間の心の「真実」は何かということになり, また, 臨床心理学においては, その心の真実を知ることによって, 心の問題で苦しんでいる人々の心の健康に貢献することを目的に研究を進めることになる。

　研究から得られる知識の特色は, 知れば知るほどわからないことが多くなるといわれるように, 真実へ達するのは果てしもない世界であるということができる。研究は真実に近づくことを目指してい

るが，この近づき方に大きく，二つの方法があるといってよい。

そのひとつは実験的な方法であり，自然科学の方法，なかでも物理学の方法をモデルにしている。心理学が科学的な学問であることを示す方法として近代物理学の実験的な手法をまねて，実験的に研究的な接近をする方法を考えた。もうひとつは，臨床心理学で用いられる臨床的な研究方法であり，事例を中心にして研究を進め，そこから「真実」に近づこうとする方法である。これは経験科学的な方法といってもよい。これを図示すると次のようになる。

　　　実験的研究 ⇨ 　真　実　 ⇦ 事例研究
　　　（実験的方法）　　　　　　　　（了解的・経験的方法）
　　　　　図13・1　心理学における2つの研究法

13-2 研究の意義

臨床心理学の研究はどうして必要だろうか。臨床心理学の研究とは何だろうか。研究にはどのようなものがあるだろうか。研究はどのように進めればよいのか。研究の意義ということは，これらの問いに答えるということだろう。

研究とは，臨床心理学の活動を公にして，活動の目的，内容，方法などをすべて明らかにするということである。専門的な訓練を受けている誰もが納得する方法によって資料が集められ，現象が記述されることによって，公的に検討が可能となる。このような手続きには次のようなものがなければならない。

13-2 研究の意義

① 活動の手続きが明らかにされている。
② その手続きによると、効果のある結果が予測される。
③ 自分以外の人が行っても、ある程度、同じ結果が予想される。
④ その方法や結果は記述されて、学会の発行する研究誌に公表されている。その資料は一定の条件を充たせば、誰でも閲覧することができる。

このような手続きを行っている活動を科学的な研究活動といっている。このような活動を行っている人は、学会という研究者の集まりに会員として登録し参加している。研究者であることは、このように学会に登録参加しているということである。学会員になるには、一定の資格規準を満たさねばならない。臨床心理学関係者は学会に所属することは義務である。たとえば、臨床心理学の活動を行っている人が参加している代表的な学会は日本心理臨床学会である。研究者は何らかの研究者の集団である学会に参加したり、研究を発表したり、他の研究者の発表資料の討議に参加する義務を負っているということができる。

最近、小川洋子さんの『博士の愛した数式』がベストセラーになり、さらに映画になったので、数学や科学論が次第に注目を集めるようになった。『博士の愛した数式』の中で、主人公はあらゆる科学的活動の基礎である数学に対して、ただ論理は「発明」するのではなく、すでに存在するものを発見するのだという。小説家である小川洋子さんも「物語を作ったのでなく、発見した」と感じる瞬間があるのだという。これらは心理学における研究においても究極の目的ではないだろうか。心理学においても、人の「心」といわれる

世界の真実の発見を求めて研究しているといってよいのではないだろうか。臨床心理学は人の営みを明らかにし，発見した事実を，必要としている人に利用できるようにすることであると考えられる。そこで次に，心理学研究と臨床心理学研究について考えてみたい。

13-3 心理学の研究とは何か

　物理学や生理学，電子工学などでの「科学性」はナノ単位(1ナノ＝10億分の1)を誤差の単位としている。これに対して心理学の実験レベルの誤差は100分の1が単位である。統計的に100人中5人以下の人が誤差(有意差)として存在しても，その95人をひとまとめにしたグループの特徴は一般的に人の特徴であるといってよいことになっている。心理学はものを対象とする物理学や工学のように単位を途方もなく細かくしないでも，心の現象はかなり大枠でとらえることが必要なのだという暗黙の了解があるといってもよい。

　臨床心理学の場合，尺度の目はもっと大きいといってよい。それは研究対象の性質や特徴からきているのである。さらに特徴的なことが臨床心理学の現場には存在している。この点を研究という視点から少し説明しておきたい。従来の実験心理学の研究方法と臨床心理学における研究方法を比較して示してみたい。

　一般に研究をする姿勢は，対象に対して客観的な目で眺め，問題を明らかにするというのが基本的な考えである。実験心理学の研究としては，観察者は固定した状態で，動く対象や固定した対象をとらえるということになる。ここには観察する人(研究者)と，観察する対象が独立して別々に存在しているということを前提としている。

13-3 心理学の研究とは何か

しかし，臨床心理学は対象を固定して研究を進めようとしてもうまくいかない。なぜかというと，研究すべき対象が移動したり，変容したりすると同時に，観察する観察者(研究者)の方が動く(影響を受け，影響を与える)からである。

例えば，カメラを考えてみたい。

こちらも動きながら，動くものをカメラに収めようとすると，画像はボケてしまうだろう。観察者も観察されるものも動くものを対象化してとらえようとしても，従来のやり方ではうまくいかないのである。

誰を対象とするか，ということを考えても難しい。全く同じクライエントは存在しない。また，同じ技法を使うといっても，カウンセラー自身がひとりひとり違っている。カウンセラーの働きかけによって，クライエントが変化するのみでなく，カウンセラーがクライエントから影響を受けている。つまり，実験心理学では，動かない観察者が動く観察対象をとらえるのに対して，臨床心理学では観察者自身も動きながら観察するということになるのである。これをサリバン(Sullivan, H. S.)は参加観察者(participant observer)と言っている。カウンセラーもクライエントも両方が変化するものをどのように研究の対象とすることができるだろうか。これを図示したのが，図 13・2 の A と B である。

以上のような特徴を理解して，臨床心理学の研究には独自の難しさがあることを理解して研究を展開する必要がある。これまで心理学研究のモデルとされた観察対象と観察者という 2 分法の実験心理学的研究方法のモデルが，臨床心理学の場合にはそのまま当てはまらない領域もあることを理解しておくことは重要であろう。

○ ⇐ **観察者**（固定：影響されない）

（観察対象）

A：実験心理学での観察者と観察対象

○ ⇐ **観察者**（動く，影響する，影響される）

（観察対象）

B：臨床心理学での観察者と観察対象

図 13・2　固定している観察者と動く観察者

13-4
臨床心理学の考え

　これまで臨床心理学と実験心理学の違いから研究法を理解しようとした。しかし，臨床心理学でも研究の目的によっては実験的な手法を使うこともある。以下にそれを説明しておきたい。

① 臨床心理学には査定・アセスメントと心理療法という大きな二つの活動があることを「はじめに」で述べた。この中で，査定・アセスメントに関しては，多くの心理検査を用いることがある。用いる心理検査の精度を高める研究は従来の実験心理学的研究法によることが多い。これは心理検査自体の信頼性や妥当性の研究領域に当てはまる。

② 心理検査から得られるグループの特性，例えば，発達的な特性の研究など。

③ 心理的障害をもつグループの特性など。

④ 心理学的支援の効果を測定する研究など。

心理臨床の活動では，心理臨床家がクライエントに心理的援助の

ために出会う。その出会いは一人の心理臨床家と複数のクライエントということもある。家族ということもある。また、企業や学校などの組織であることもある。その出会いの中で、困難な問題点を解決しようとする。そして納得した解決が見出されると、その心理的な援助活動は終わる。その場合、現実にある困難点の問題が解決するということもあるが、心の中での苦しみが変化することで現実の問題は変化しなくても、問題が解決するということもある。これは臨床心理学独特の心理的な現実の変化ということができる。

現実には2つのものがあるということは臨床心理学の問題として理解しておく必要がある。その2つの現実とは外の世界の現実と内的な世界の現実である。外の世界の現実とは、私たちを取り巻いている物理的な現実である。その中には、人間も含まれる。また、内的な世界の現実とは、私たちの内部、つまり心の世界の現実である。感じたり、思い浮かべたりするイメージの世界の現実である。

臨床心理学的には、内的世界の現実がとても重要である。心の苦しみや痛みは内的なものであり、医学的にみて身体がどこも悪くないということで片づくものではない。客観的に確認できるものでもない。例えば、痛みは「痛い」という人に存在していて、周囲から「痛いはず」「痛くないはず」ということはできない。「痛い」ということを、「痛いのですね」という確認によって、第三者は痛みを理解するしかない。心理的に感じられる喜び、悲しみ、楽しさ、嬉しさなど、心の性質に関するもの、つまり、主観的な体験が臨床心理学の中心的な対象である。それは第三者が、外から決められない世界である。これが内的世界である。これには第三者は「推察」や「共感」をすることによって理解するということしかできない。

外から見てわかる行動や仕草などは、あるか、ないかという事実

の観察によって確かめることができる。しかし内的体験はその人の主体的体験を「そのように体験しているのですね」と，そのまま承認するしかない。クライエントの主体的体験が存在することを認めることは心理臨床家とクライエントとが合意することである。その合意の成立する主観的体験を「心の現実(psychic reality)」あるいは「心の真実(psychic truth)」といっている。この点からすると，行動などの事実の観察に対して，「心の真実」，または「心の現実」ということができる。それは人と人との関係の中で合意されるということである。サリヴァンはこのことを「合意による妥当性(consensual validation)」といっている。

これは心理臨床の場を占めている2人以上のかかわりをもつ人によって，納得され，合意されたものを意味している。それは観察の方法として，「了解」とか，「共感」を用いておこなう研究の方法である。臨床心理学において「よくなる」とか，「問題が解決する」ということは，このような主体的な側面の状態を指している。

極端な場合，いわゆる症状や問題行動は残っている場合があるとしても，クライエント本人が「自分の問題は解決した」ということになれば，それはそれで問題の解決ということも可能である。反対に，症状はなくなったとしても，クライエント本人としては内的な問題が解決したと実感していない場合，「問題は解決した」ということはできないだろう。臨床心理学における問題解決は第1に，クライエントの納得であり，第2に症状や主訴の喪失である。この1と2は一致することが多いが，そうでなくても，クライエントの納得があれば心理的支援の目的は達したということができる。例えば，森田療法では，強迫観念などのような精神的な症状があっても，日常生活に支障がないような精神的構えが作りあげられることがある。

「あるがまま」という姿勢は、そのような姿勢を達成する重要な精神的構えである。このようにして症状を受容することが治療の眼目となっている。

このような対人関係的な真実は、実験的に客観的に対象を測定して得られる真実と本質的に違っているということができる。これを図示すると次のようになるだろう。

表 13・1 内的(主観的)な真実と客観的な真実

客観的・行動レベル	主観的体験レベル
＊客観的にチェックできる。	＊主観的経験を合意する。
＊行動の変化で確かめる。	＊尺度上の変化で確かめる。

13-5 臨床心理学研究で変数をどのようにとらえるか

例を挙げてみたい。例えば、面接法の効果や治療関係などを変数として研究をしてみたいと考えたとする。この際、変化する変数をどのように考えたらよいだろうか。

クライエントに焦点を当てると、次のようなことが問題になる。年齢、性別、教育暦、経歴、職業の経歴、病気、薬物の処方、心の健康度などは当然考えられる変数である。これに対してカウンセラーの変数も同じくらい考えられる。つまり、年齢、性別、教育歴、治療経験、治療の立場・理論など。従来の研究法では、これらの要因をマッチしなければならない。それらの要因のことを考えると、現実には実験心理学的に要因を統制した研究をしようとしても不可能であることがわかる。心の援助の効果ということは、本人の内的世界の満足度、安心感などの「納得」である。対人関係的な場で展

開する「納得」という要因をどのように取り出したら、それが共通の理解として、妥当なものとして納得のいくものになるだろうか。

13-6 臨床心理学の研究

(1) 一例研究

ここで考えられるのが、実験心理学でも考えられてきた「一例研究」や「事例研究」である。

一例研究というのは、一人の人に繰り返し同じ実験手続きをおこない、また時間をあけて反復実験を繰り返し、同じ値や同じ傾向が得られれば、その結果は他の人の場合も同じであろうという推察をするのである。そこから得られた資料は妥当なものであるという理解をするのである。生理学の世界に近い、知覚心理学の領域の研修では、このような研究はある程度可能である。実験操作による「慣れ」や「学習」はないということを前提にしている。しかし、普通は繰り返されると、しだいに学習効果が上がって、同じ結果が出ないことになり、この研究方法は使えない。

心理臨床の活動の一つである心理療法では内的・行動的な問題の解決のために、繰り返し面接を重ねることになる。この事態は一例研究的である。数十回、数百回という同じ面接の繰り返しの中から、変化や行動特徴や性格特徴などをとらえていく。それはかなり正確で確実な資料ということができる。

さらに一例研究には、特殊例としての記述ということもある。それまで学問の歴史に登場したことのなかった一人の事例を記述するときに用いられる重要な研究方法である。医学の領域では、このよ

うな方法で行われた重要な研究には研究者の名前がついていることも少なくない。臨床心理学に関係の深い障害では，知的な障害をもつ「ダウン症候群」がある。研究者ダウン(Down, J. L. H.)の発見によるので，その名前が残っている。また，知的障害を含む神経障害で顔貌に特徴のあるローレンス・ムーン・ビートル症候群も3人の研究者(Lourence, J. Z., Moon, E., Beatle, A.)の名前が重ねてつけられている。チックのひとつのタイプのトーレット(Georges Gilles de la Tourett)症候群の名前もフランスの研究者の名前，進行性筋萎縮症のドゥシャンヌ(Duchanne-Griesinger)型も二人の研究者の名前，森田神経症も森田正馬先生の名前がついている。

　また，映画で有名になった『エレファント・マン(Elefant man)』も，見世物小屋でさらし者にされていた特異な皮膚病の男性を一例報告という形で医学会に発表するにいたる物語である。このように学問の歴史の上で新しいものが発見されることは，それ自体が重要な事例研究である。それによって次々に新しい追加発見がしやすくなるのである。そしてやがて，それは学会の常識になり，だれもが認める症状・障害となって認定される。このように特異な事例の積み重ねによって，手当てや支援の方法がはっきりとした形をとるようになる。つまり，一例報告は学問の発展にとって，重要な研究方法なのである。

　これに対して「事例研究」は，医学などで古くからなされてきた重要な研究方法である。障害に対して，特定の対処方法がとられると，その方法が詳細に記述される。そしてそれが追加して施行され，経験が積みあげられていく。心臓手術や内臓移植なども，事例報告が積み重ねられてはじめて共通の技法や知識となり，一般化されていくのである。これらの事例研究は医学では重要な技法の開発に欠

くことができない研究手段である。

この研究方法は臨床心理学においても，きわめて重要な研究方法である。これまでも重要視されて行われてきたが，以下に臨床心理学における事例研究について述べてみたい。

(2) 事例研究

臨床心理学は個人内的な世界や集団のシステム構造を扱う援助方法であり，またその結果を集成した学問の体系であるということができる。これは第1章において，少し説明している。

臨床心理学の対象は個人であれ，集団であれ，心の内的な世界である。治療者やカウンセラーの働きかけは，その個人や集団の内的世界にポジティヴな影響をどのように与えたかを詳細に記述する。それは医学の臓器移植の事例が詳細に記述されるのと似ている。知識と経験と技術とが並行して進行するように，臨床心理学の援助関係も同じく知識と経験と技術が並行して進行する。その上，臨床心理学にはさらに困難な問題がある。

それはクライエントとの協力という側面である。心理臨床的なかかわりの中で，クライエントが好意的に協力するかどうかは結果に影響する。この点は医学よりさらに大きい要因であろう。この点で臨床心理学の事例研究は一段とかかわりの関係性という困難さが付きまとうことになる。

次の喩えはややとっぴな感じがあるかもしれないが，裁判を例にとってみたい。裁判のプロセスは事例研究を中心になされているという点で臨床心理学の研究に似ているところがある。検察側は犯罪者の「動機」「事件の概要」「現場の情況」「犯罪者のパーソナリティ」「家庭環境」「生育歴」「職場環境」「対人関係」などを綿密に調

査する。そしてそれらが現行の犯罪にどのように結びついているかを証明しようとする。また，弁護側は現行の犯罪行為が「動機」「事件の概要」「現場の情況」「犯罪者のパーソナリティ」「家庭環境」「成育史」「職場環境」「対人関係」など，視点は同じながら，その資料の扱いや解釈において違った別の事例研究をして，そのどちらが正しいか，妥当性が高いかについて裁判官に第三者として決定してもらうという方法である。

このプロセスでの犯罪者についての解釈は違っているが，資料への接近は同じであるといってよい。この際，これまでの過去の膨大な裁判の「判例」が重要な資料となる。この点は臨床心理学のように，「了解」を方法のひとつとする場合，裁判と同じようにこれまで研究報告された事例研究や事例報告を手がかりにして，理解や了解を進めるということになるのである。資料の収集や理解の仕方において臨床心理の現場での事例研究と本質的には変わりないということができる。臨床心理学においても，かかわりを詳細に記述することによって次々とさまざまなことが明らかになっていった。

何が異なるかというと，裁判が犯罪者を理解し評価して，法律に照らして断罪することを目的にしているのに対して，臨床心理学では「援助」のために，事例を理解し，評価する点において異なっている。また，臨床心理学では，個々の問題の性質や援助の方法を理解し，評価することによって，さらに有効性の高い技法を見出そうとしているという点は異なっている。

臨床心理学の事例研究では，援助の方法を用語「ことば」として示してきた。「転移」「抵抗」「アイデンティティ」「解釈」「共感」「自己」「自我」「防衛機制」など，膨大な資料となっている。これらは事例研究という方法によって得られた臨床心理学の科学的な成

果であるということができる。人と人とのかかわりを本質とする臨床心理学では，このように事例研究によってその研究の成果をあげることができるのである。

　臨床心理学的な事例研究で得られた成果はさらに，別の事例によって，事例研究的に追試的に確認の研究が進められる。また，部分的には実験的にも，また調査などの手法でも確認の研究が進められる。しかし，臨床心理学の支援を人への働きかけとしている限り，その研究が事例研究を中心としたものになるのは当然のことであろう。それは医学の臓器移植と同じである。そこで得られた知識と技術は一対一で，徒弟的に次の世代に伝えられる。それ以外の方法は存在しない。医学において，インターンや研修医制度によって徒弟的に伝達されるのである。臨床心理学においても，同じであり，その知識と密接した技法の伝達は徒弟的にスーパーヴィジョンという形態をとって伝えられる。事例と知識と経験とその技法の伝達としてのスーパーヴィジョンは切り離すことのできない方法である。このことを十分に認識しておく必要がある。

　これまでの臨床心理学研究としての「事例研究」は必ずしも，上に述べたようなことを土台にして研究を行ってきてはいなかった。むしろ，臨床心理学の領域で事例研究という場合，実際に面接している事例や面接が終了した事例について，その「技法」の正当性や改善点を議論したり，事例が成功だったか，技法的に問題があったかについて討論したりしていた。また先輩の心理臨床家からスーパーヴィジョン的なアドヴァイスをもらうという場になっていて，それを事例研究と呼んでいたことからくる誤解が存在していたのではないかと思われる。この点はことばの使い方の違いなので，注意を要すると思う。学会などの場での，訓練としてのスーパーヴィジョ

ン的な検討と事例「研究」とは違ったものであることを理解して，研究は研究としての位置づけが必要であろう。

(3) 調査研究・実験的研究

調査研究や実験的研究は臨床心理学においても，重要な研究方法である。ここで大事なことは，「研究方法」であるということである。研究方法には，その前に「何を研究するか」という目的がはっきりしていなければならない。その「目的」は，臨床心理学の活動の中の事例の経験から得られる疑問や経験や知的な関心を明確にしたいとう動機が先に存在する。よく卒論の研究などで，「このような方法を使ってみたい」「このような検査を使ってみたい」「この実験が面白そうだから」という形で，研究を始めようとする学生があるが，これは「目的」と「研究方法」が逆転しており，これでは研究とはいえないことを知っておくべきである。

調査研究は方法として，調査用紙を使用することが多い。調査用紙は標準化されている「尺度」や「インヴェントリー」を使うこともあり，また自分で調査したい目的にあった質問をしたり，また半分構造化した「半構造化面接調査」といったものを使用することもある。

(4) 臨床心理学的な実験的研究

子どもたちを実験場面において観察するという手続きをとることが多い。実験法の特色は「場面の統制」である。例えば，ボウルビー(Bowlby, J. M.)の「愛着行動」を調べたいという場合，実験場面に導いた子どもに，一定のしぐさをする人形をみせて，子どもがどのように反応するかを調べ，記述していくような方法をとる。親子

関係の主題や対人関係の主題など，このような実験的な研究も少なくない。ここでは，実験心理学と臨床心理学とは方法的には差がない。違いは「何を調べたいか」という点で分かれるのである。

　以上，臨床心理学の研究方法について，実験心理学的な研究方法と臨床心理学的な研究方法との違いと共通点について述べた。実験的な研究方法の難しさと違った形で，臨床心理学の研究方法の難しさについても理解をしておいてもらいたいと思う。

◀ま　と　め▶
❑ 研究の意義と実験的研究と臨床心理学的研究の接近の違いについて理解を進めた。
❑ 臨床心理学研究の特徴とは何かについて学びを進めた。
❑ 研究方法として一例研究，事例研究，調査研究・実験的研究という点について学んだ。

◀課題・問題▶
1. 臨床心理学研究の特徴と実験心理学の特徴の違いを考えてください。
2. 臨床心理学研究の方法にはいろいろあるが，いくつかあげて説明してください。

14章

臨床心理学の学習のためのテキスト

臨床心理学の学びを進める

　本章では，参考書として何を読んだらよいかと迷っている初学者のために，臨床心理学を学習するテキストを紹介する。ここでのテキストの紹介は現在学習していることの参考である。読書によってさらに理解や知識が深まることを期待している。また，既に述べたように，読書の方法として「対話的」に参考図書と会話をするようにして学習することを勧めたい。臨床心理学で学ぶことは，自分の内面に展開している事柄や現象であることが多いので，「私の場合はどうか？」というように問題に対面するようにして読んでいくと一層理解が深まるだろう。

　臨床心理学の学習については，第12章の図12・1学習の三角形として説明した（第12章参照のこと）。知的な学習と体験的な学習と参加学習の必要性とそれが同時に進行することが大事であることを説明した。この点をもう一度思い返してもらいたい。ここでのテーマはその中で，知的学習に関するものであることを頭において以

下の文章を読んでもらいたい。

前に述べたように、臨床心理学の著書の理解ということでは、心理学の中でも経験がわりと大きな意味をもっている。それゆえ、時に応じて著書は何度も読む必要がある。読むたびに、読む本人が新しい学習をすることが出来るのが臨床心理学の読書の大きな特徴である。

臨床心理学に関する著書は最近、著しく増大している。一種の心理学ブームの波に乗って、次々に出版されている。その多くの臨床心理学の著書の中から、参考になるものを選ぶもの一苦労である。ここでは筆者が参考になると思ったものを選んで紹介しているので、まず、これらに目を通して、そこからさらに次の専門的な著書を読むことを勧めたい。

14-1
臨床心理学全体を見渡すもの

個人で書かれた著書と何人かの人々が共著で書かれた著書が紹介されている。また、著書には、全体を見渡すものと、特定の問題や技術について書いたものとがある。この点も本を読むに当たって注意を要するだろう。以上のことを考えながら次に掲げる著書を眺めていって欲しい。

(1) 単独著者によって書かれた臨床心理学書

たくさんものが書かれている。これからも次々に出版されるだろう。多くは大学学部レベルで教科書として使われるものである。代表として1冊をあげておきたい。

14-1 臨床心理学全体を見渡すもの

＊ 『臨床心理学』（倉光修著　1995 年）　岩波書店

臨床心理学の全般にわたって，まとまったしかも大変読みやすいものとして推奨することができる。1冊で臨床心理学全般を見通し理解する上で大変役に立つだろう。

同じく，単独のものであるが翻訳ものを2冊あげておく。

＊ 『臨床心理学』（コーチン著 1970 年，村瀬孝雄監訳 1987 年）弘文堂
＊ 『異常心理学』（コーチン著 1980 年，村瀬孝雄監訳 1990 年）弘文堂

この2冊は臨床心理学を学ぶものとして必読の著書といってよい。アメリカの大学院の教科書として現在使われている。臨床心理学の広範な領域や基礎となる異常心理学について大変うまくまとまっている。ともかく，大部なものであるが，これがアメリカの臨床心理学では普通に教科書として読まれていること，これらの知識や理解の上で専門的な研究がなされていることを知るのは，学生として大事なことであると思われる。少し高価なので大学図書館で借りて読むとよいだろう。

(2) 多くの人の協力で書かれた臨床心理学書

臨床心理学は領域が広いので，一人で全体を見渡すことは難しい。得意のところが中心になったり，偏りが出たりしやすい。多くの人々の協力で書かれると，その点は修正される。しかし，また反対に，多くの人の意見や見解があるので，一貫性に欠けるということも起こる。この点はなかなか克服するのは難しいが，幾つかの本を読むことによってバランスをとることが可能であろうと思う。以下に，日本でこれまで発表された叢書類を出版年代順に紹介する。

＊ 『臨床心理学大系　全20巻』（河合隼雄他編　1989年－2000年）　金子書房

日本の臨床心理学の歴史で初めて書かれた叢書である。臨床心理学を体系的に説明しようとして立案された。当時の第一線の心理臨床家によって書かれている。臨床心理学は日進月歩であるので，現在の時点では若干資料が古くなっていることころもある。注意をしながら読むと臨床心理学の全体像をつかむには大いに参考になるだろう。ただ膨大なので，いっぺんに取り組まないで，関心のあるところや必要に応じて読むことをお勧めする。

＊ 『臨床心理学　全5巻』（河合隼雄監修編　1991年－1994年）　創元社

河合隼雄先生と関係の深い京都大学出身者によって編集され，執筆されている。「1巻　原理・理論」「2巻　アセスメント」「3巻　心理療法」「4巻　実践と教育訓練」「5巻　文化・背景」いずれも，精神分析やユング心理学など，力動的心理学の立場から書かれている。

＊ 『臨床心理学　全3巻』（氏原寛他編　1998年－2000年）　培風館

臨床心理学の体系として，コンパクトに示そうとしている。また，新しい知見を取り入れていこうという意欲もみられる。「大系」が何でも必要なものは網羅するという姿勢なのに対して，臨床心理学をまとまりとして見るとどうなるかという「体系」という発想でまとめている。

＊ 『臨床心理学シリーズ　全6巻』（松原達哉他編　2002年－2004年）　培風館

初学者や心理学の基礎を重視して，臨床心理学をとらえている。

この点で心理臨床家のみでなく，心理学の基礎を研究している学者も参加して執筆されているところに特色がある。

* 『臨床心理学全書　全13巻』(大塚義孝編　2004年-2006年)　誠信書房

新しい臨床心理学の知見をすべて網羅するという姿勢で，比較的若い編集者を擁して書かれている。「原論」「査定学」「査定技法」「面接学」「面接技法」「実習論」「研究法」「コミュニティ援助論」「学校臨床」「病院臨床」といったものが網羅されている。やがて「産業臨床」「福祉臨床」といった領域のテーマが追加されることが期待されるところである。

14-2
臨床心理学の学習のためのテキスト

臨床心理学の偉大な先達の方々の出版をまとめて全集や著作集として出版されている。ここではその代表的なものを紹介する。これらは一人の偉大な研究者の生涯をかけた研究や経験を記したものであるので，その人の生き様ということも含めて，臨床心理学の世界に生きるということはどういうことなのか，を考えながら読むと得るところが多いのではないだろうか。

* 『河合隼雄著作集　25巻』(1994年-2004年)　岩波書店

河合先生の初期の著書『ユング心理学入門』から，最近のものまで，これまでの著作を集めたもの。「心理療法に関するもの」「子どもの世界」「仏教と心理療法」「家族」「心理療法と科学」「日本文化」「ジェンダー」「物語と人間」など，臨床心理学の全領域にわたった業績についてまとめたものである。河合先生の独自の世界を知

ることによって，スケールの大きさがわかると同時に，臨床心理学という学問の面白さを味わうことができるのではないだろうか。

＊『土居健郎選集　全8巻』(2000年)　岩波書店

『甘えの構造』がベストセラーになり，世界的に知られた先生である。精神科の医師であり，精神分析的な立場からの深い洞察が記されている。先生自身が選者となって，自分の著作を編集されたものである。大きな領域を網羅し，「甘え」「精神科臨床」「精神分析」「文学」「統合失調症」などの論文が編集されている。日本の文化を見据えて示される深い洞察から多くのものを学べるだろう。ことに，立派な日本語の文章は，次の中井久夫先生と並んですばらしいものがある。

＊『中井久夫著作集　全6巻別2巻』(1984年－1991年)　岩崎
　　学術出版社

臨床心理学者ではなく，精神医学者であるが，臨床心理学に大きな影響を与えた人である。また，「風景構成法」の創始者としても知られている。著作集の内容としては「個人と文化」「社会・文化」「治療関係」「統合失調症」など，広範なテーマと深い思索が読むものにとって大きな励ましとなるような文章が多い。

＊『北山修著作集　全3巻』(1993年)　岩崎学術出版社

臨床心理学に深くコミットしている人であるが，精神科の医師である。精神分析の立場から独自の洞察を土台にして，臨床的考察をしていて興味深い。テーマとしては，「ことば・日本語」「自分について」「昔話と臨床」など，幅広い領域が論じられている。

＊『山中康裕著作集』(2001年－2004年)　岩崎学術出版社

児童期・思春期を専門にして出発した臨床心理学者であり，また精神医学者である。ユング心理学の影響が大きく，その観点からの

考察は独特のものがある。著作集のテーマをすべて「たましい・・・」というタイトルでまとめているのも独特の学風であるといってよい。

* 『鑪幹八郎著作集　4巻』（2002年－2008年）　ナカニシヤ出版

本書の執筆者の一人である。これまでの研究をまとめたものとして著者自身が編集した。精神分析の観点から心理臨床経験について記されている。「ライフサイクル」「精神分析」「心理臨床と倫理」「映像・イメージ」という形でまとめられている。

このほかにも，著作集とはなっていないが，活発な著作活動をしている人々がいる。精神科医師である神田橋條治先生，成田善弘先生や氏原寛先生などである。これらの先生の諸著書は臨床心理学を学ぶ者にとって必読のものであるが，学部の学生としては，今後専門的に臨床心理学を勉強するときに読むものとして名前を頭に入れておくとよいのではないだろうか。

14-3
辞典・事典に関するもの

辞書はいろいろな形で数多く出版されている。ポケット版というような小さなものから大きなものまである。また，「辞典」と「事典」（こと典と呼んでいる）には，違いがあるので気をつけて読む必要がある。辞典は言葉の定義に重点が置かれており，また事典では用語にまつわる出来事や歴史的な展望などが盛り込まれていることが多い。したがって，何を知りたいかによって，利用するものが違

ってくることも考慮しておく必要がある。

以下には,現在日本で出版されているもっとも大きな,定評のある辞典と事典を紹介しておく。個人的に手に入れることは高価なため難しいかもしれない。大学の図書館には必ずおいてあるので,そこで利用すればよいだろう。

* 『精神医学辞典』(新版,1993年) 弘文堂
* 『精神分析事典』(2002年) 岩崎学術出版社
* 『心理臨床大事典』(改訂版,2004年) 培風館

14-4
心の発達・ライフサイクルに関するもの

(1) ライフサイクルの観点からのもの

　臨床心理学はクライエントあるいは心に問題や苦しみをもった人を援助することを目指している。援助の際に,心の問題や苦しみがどうようにして生まれ,変化してきたかを理解することは役に立つ。この点を全く考慮しないで援助をするという立場もあるが,前者を重視する臨床心理学では,心の発達の細かい研究についての理解を進めることになる。心の発達を身体発達との関連で書いた著書やことばの発達,社会性の発達との関連で書いたのもなど様々である。「発達心理学」と名前のついた著書は,このようなものが多い。その中の一冊が次にあげるものである。

* 『発達心理学特論』(内田伸子著　2007年) 放送大学教育振興会

　人間の気質,感情,対人関係,自己意識,言語,思考の発達など,発達心理学研究の成果が取り上げられており参考になるだろう。

長年にわたって読まれているライフサイクルの観点から心の発達を書いた本が，次に示すものである。

＊『こころの旅』（神谷美恵子著　1974年）　日本評論社

わかりやすい言葉で，心の変化をライフサイクルの観点から書いてある。臨床心理学に関心を持つ学生には読んでもらいたい一冊である。さらに，心理臨床に根ざした経験をもとに，臨床心理学として書かれているものに，次のいくつかがある。これらはそれぞれ個性的であり，焦点のおきかたも少しずつ異なっているけれども参考になるだろう。

* 『ライフサイクルの臨床心理学』（馬場禮子他編　1997年）培風館
* 『ライフサイクルと臨床心理学』（氏原寛編　2004年）　金剛出版
* 『ライフサイクルと心理臨床』（吉田弘道編著　2004年）　八千代出版

(2) 母子関係について記述したもの

ライフサイクルや発達早期の母子関係などについては，諸外国の研究が盛んであり，よい著書も翻訳出版されている。その中でも重要なものをいくつかあげておきたい。残念ながら，訳語が十分こなれていないため本文のよさが伝わってこないものもある。それらは自分で手にとって確かめてみられることを勧めたい。

* 『幼児期と社会』（エリクソン著1950年，仁科弥生訳1977，80年）　みすず書房
* 『乳幼児の心理的誕生』（マーラー他著1952年，高橋雅士他訳2001年）　黎明書房

* 『ボウルビィ母子関係入門』(ボウルビィ著 1967 年，作田勉訳 1981 年) ナカニシヤ出版
* 『臨床過程と発達』(パイン著 1985 年，斎藤久美子他訳 1993 年) 岩崎学術出版社
* 『乳児の対人世界』(スターン著 1985 年，小此木啓吾他訳 1991 年) 岩崎学術出版社

14-5
精神障害に関するもの

精神障害に関する中心的な研究や解説は精神医学の関係書である。医師になる学生向け，または医師向けの精神医学の教科書は少なくない。しかし，臨床心理学を学ぶ学生のための精神医学や精神障害に関して書かれた著書はそれほど多くない。以下にそのいくつかをあげておきたい。

* 『よくわかる精神医学』(西村良二著 1997 年) ナカニシヤ出版
* 『学生のための精神医学』(太田保之著 2006 年) 医歯薬出版
* 『精神医学ハンドブック』(山下格著 2000 年) 日本評論社
* 『改訂 心の臨床家のための精神医学ハンドブック』(小此木啓吾他編 1998 年) 創元社

これらの著書はいずれも臨床心理学や精神保健福祉を学ぶ学生のために，精神医学を紹介するように書かれているのでわかりやすい。また，精神医学的に大事なことや精神障害について基本的な知識を学ぶことができる。

14-6 心理療法・心理面接に関するもの

　心理療法は臨床心理学の対処法として一般的な呼称である。医学の領域では,「精神療法」という言い方をしている。これは歴史的な意味合いがあるだけで,訳語としては同じく Psychotherapy からきている。心理療法というか,心理面接というかも,個人によって使い方は違うが,同じく語源をたずねると Psychotherapy ということになる。

　心理療法には第1章,第2章に述べられているように,大きく心理力動的立場,認知論的立場,行動論的立場がある。現在は,認知療法・行動療法を一つにして,認知行動療法という言い方もしている。以下にはまず,心理療法にはいろいろの立場があり,それは理論的にどのように違うかを比較しながら説明している著書を紹介する。次に心理力動的立場を紹介し,そして最後に認知行動療法を説明している著書を紹介する。これらの違いは次第に統合されて,大きな心理療法の大系という方向を向いて努力がなされているが,そのような著書はこれから出版されていくであろう。

(1) 諸心理療法の紹介に関するもの

　心理療法の方法はさまざまなものがある。100以上の方法があるという人もあり,また200以上のものがあるという人もある。大きな流れがさまざまに分かれていったものであると考えることができる。その根幹の考えをまとめて説明したのが,次の著書である。

* 『ガイドブック心理療法』(パルマー著 1999年,島悟監訳 2001年)　星和書店

＊『心理療法の統合を求めて』（ワクテル著 1999 年，杉原保史訳 2002 年）　金剛出版
　　＊『カウンセリング・心理療法の 4 つの源流と比較』（ドライデン他著 1950 年，酒井汀訳 2005 年）　北大路書房
　また，すでに紹介した臨床心理学大系，臨床心理学全書，臨床心理学体系などを参照されると，これらの流派の違いは明確になっていくと思われる。

(2) 力動的心理療法の紹介に関するもの

　力動的心理療法というとフロイトの精神分析を源流としている心理療法の考えである。これはやがて，ユング，アドラー，その他さまざまな分派に広がっていった。ここでは代表的なものを紹介する。読んでみると，同じ学派とは言っても個性的で，大いにニュアンスが違うことがわかるであろう。自分の感じや思考傾向が似ているのはどの著書かという感じをもちながら読むとよいだろう。
　　＊『心理療法序説』（河合隼雄著　1992 年）　岩波書店
　　＊『精神療法面接のコツ』（神田橋條治著　1990 年）　岩崎学術出版社
　　＊『精神療法の臨床』（土居健郎著　2000 年）　岩波書店
　　＊『精神分析のすすめ』（小此木啓吾著　2003 年）　創元社
　　＊『精神療法家の仕事』（成田善弘著　2003 年）　金剛出版

(3) 認知行動療法の紹介に関するもの

　認知療法と行動療法はひとまとめにして呼ばれることが最近多くなった。源となる発想はそれぞれ別であるが，症状や行動に焦点化されていること，行動レベルや意識されている問題を中心に扱う点

では共通している。最近は認知行動療法と呼ばれることが多い。発想は全く違うが，行動レベルから問題に接近することを重視する動作法がある。成瀬悟策先生のオリジナルな発想から生まれた心理療法として特筆されるべき方法である。

* 『行動療法』(山上敏子著　1990年)　岩崎学術出版社
* 『行動療法：生活を豊かにする技術』(山上敏子編　1990年　現代のエスプリ)　至文堂
* 『認知療法への招待』(井上和臣著　2006年　改訂4版)　金芳堂
* 『認知療法：精神療法の新しい発展』(ベック著1976年，大野裕訳1990年)　岩崎学術出版社
* 『臨床動作法1 臨床動作法の理論と治療』(成瀬悟策編　1992年　現代のエスプリ)　至文堂
* 『動作のこころ』(成瀬悟策編　2007年)　誠信書房

(4) 子どもの心理療法に関するもの

子どもの心理療法は上に述べた大人の心理療法と同じように，力動的な立場からのものが多い。また発達障害に対する注目などから，行動療法や認知療法などが関心を集めている。ここでは力動的立場からの子どもの心理療法の代表的なものについて紹介しておきたい。

* 『遊戯療法』(アクスライン著1947年，小林治夫訳1972年)　岩崎学術出版社
* 『問題児の心理療法』(アレン著1942年，黒丸正四郎訳1955年)　みすず書房
* 『遊戯療法の世界』(東山紘久著　1982年)　創元社
* 『子どもの心理療法』(チェシック著1989年，斎藤久美子監

訳　1999年）　創元社

(5) 家族に関するもの

　家族は父母，子ども，祖父母，などのまとまった単位となっている。どこが欠けても，全体に影響するのが家族である。このように池に石を投げると波紋が広がるように，全体に影響するのが，家族関係である。これがシステムという考え方である。心理学にこのようなシステム論的な考えを生み出したのは家族心理学である。以下に，臨床心理学の観点から理解を進めることのできる著書を紹介したい。

* 『家族心理学入門』（岡堂哲雄編　1999年補訂版）　培風館
* 『家族臨床心理学』（亀口憲治著　2000年）　東京大学出版会
* 『家族療法』（亀口憲治編　2006年）　ミネルヴァ書房

14-7 個別的な問題について

　ここにも多くのものがある。全部の個別的問題について参考図書をあげることはできないので，「子どもの虐待」「学校」「トラウマ・PTSD」「非行」「発達障害」「思春期・青年期」「高齢期」など，問題として注目されているものを取り上げておきたい。読者はこれはほんの一部であることを知っておいてほしい。関心があることがあれば，前に示した「臨床心理学大系」や「臨床心理学全書」の項目を見て欲しい。その項目の終わりの所には参考図書が紹介されているはずである。それぞれの参考図書を手がかりに理解を深めていってほしい。

(1) 子どもの問題として虐待とトラウマについて
* 『子どもの虐待』（西沢哲著　1994 年）　誠信書房
* 『子どもの虐待』（斉藤学他著　1999 年）　明治安田こころの健康財団
* 『学校トラウマと子どもの心のケア』（藤森和美編著　2005 年）　誠信書房
* 『河合隼雄のスクールカウンセリング講演録』（村山正治・滝口俊子編　2008 年）　創元社

(2) 少年期・思春期の問題と心のあり方について
* 『少年期の心』（山中康裕著　1978 年）　中公新書
* 『思春期の心理臨床』（佐治守夫監修　1995 年）　日本評論社
* 『思春期女性の心理療法』（菅佐和子著　1988 年）　創元社
* 『思春期の精神病理と治療』（中井久夫著　1978 年）　岩崎学術出版社

(3) 青年期・中年期の心のあり方について
* 『青年期』（笠原嘉著　1977 年）　中公新書
* 『中年期の光と影』（岡本祐子編著　2005 年）　至文堂
* 『中年期とこころの危機』（高橋祥友著　2000 年）　日本放送出版協会
* 『「永遠の少年」はどう生きるか：中年期の危機を超えて』（鈴木龍著　1999 年）　人文書院

(4) 高齢期・老いの心のあり方について
* 『老いの臨床心理』（黒川由紀子編　1998 年）　日本評論社
* 『高齢者理解の臨床心理学』（宮原英種監修　2003 年）　ナカ

ニシヤ出版
* 『老いを生きる，老いに学ぶこころ』（村瀬嘉代子他著　2005年）　創元社

14-8
臨床心理士自身やカウンセラーとは

　臨床心理学などになぜ，人は関心をもつのだろうか。なぜ，臨床心理学を選ぶのだろうか。カウンセリングの魅力はなんだろうか。これらの問いに答えるには，直接カウンセラー本人に聞くのが一番よいだろう。このようにして，実際にカウンセリングをやっている臨床心理学の関係者に「なぜ，カウンセラーになったか」とカウンセラーになる動機を聞いて編集した著書がある。いろいろの動機があって大変興味深い本である。これが次に示す著書である。
* 『私はなぜカウンセラーになったのか』（一丸藤太郎編　2002年）　創元社

　以上，8つの領域にわたって，臨床心理学の参考書について紹介し，説明してきた。これまで本書を読み，さらに関心を高めた人はここに紹介した本を読んでほしい。「不登校」「うつ状態」「非行」「発達障害」といった臨床心理学の個別の内容についての著書は紹介していないことも覚えていてほしい。これらは本シリーズの中の別の著書を参考にしていただきたい。臨床心理学の領域は広い。また，深い。だから，やることもたくさんある。本書を手掛りにして，さらに臨床心理学や関連領域への関心を深めていただくことを期待している。

課題・問題の解答，考えるためのキーワード

1章　臨床心理学の基礎
1. 呪術的な形で精神的な問題を解決しようとしてきた。やがて，催眠法が発見され，暗示という方法で治療が発展した。それから，近代的な心理療法がフロイトを中心として始まった。それが今日の近代的な心理療法となっている。臨床心理学はこの歴史の中で誕生し，心理療法を中心的な技法としている。
2. 心理学的な研究とともに，医学など心理学以外の実践的学問を土台にしているという点で，他の心理学の領域と大きく異なっている。
3. 臨床心理学は人の現実的な問題に参与することで問題を解決支援するために活動する。そのため思わぬ人権侵害や心の世界への侵入ということが起こる可能性がある。これを最小限に防ごうとするのが職業倫理規定である。

2章　心理臨床面接の意義と機能
1. 面接は，はっきりとした目的の下で行われるもので，参加者の役割が決まっており，時間や場所が自覚的に設定される点で会話と異なる。
2. 診断がはっきりしてから治療に移る医療と異なり，心理臨床では問題理解のプロセスと援助のプロセスが同時並行で進む。

3章　精神分析
1. 人間の心には，自覚されないさまざまな心理学的な力が存在しており，それらが互いに影響し合って，心理的な現象を生み出しているという考え方。
2. クライエントが分析家に対して抱く非合理な期待や，現実とは異

なる印象のことを転移と呼び,精神分析ではその転移の体験を分析することが,自己理解にとって最も重要であると考えられるようになった。
3. 人によって,連想しやすい内容,しにくい内容はまちまちで,また連想しにくくなる理由もさまざまである。そうした一つ一つが自分の性格を考える参考になる。

4章 発達論的な精神分析理論と心理面接
1. エリクソンは社会的様態と呼ぶ他者との関係様式を,ウィニコットは発達促進的な母親と乳児の関係を,コフートは鏡映や理想化といった養育者と子どもの関係を,サリヴァンは生涯を通じてのさまざまな対人関係を理論の軸に据え,それを面接プロセスの理解に役立てている。
2. 単に出来事についてだけ考えるのではなく,その出来事がその年齢の時に起こったがゆえの影響について考えてみるとよい。

5章 クライエント中心療法
1. 無条件の肯定的関心や共感的理解を心がけても,それが見せかけの態度にすぎなければ,真実の共感や受容にはなりえない。また,クライエントの内的体験をくみ取るには,面接者自身が自らの自己経験に開かれている必要がある。
2. どちらも一対一の対話状況で進められ,クライエントの無自覚な経験を自覚できるように援助する。しかし,クライエント中心療法では技法として解釈は用いず,転移という現象にも注意を払わない。
3. 特に,自分のままでいられないとき,何がそうさせているのかについて考えてみるとよい。

6章 行動論的心理療法
1. 行動論的心理療法では,そのやり方,手続きが詳細かつ系統的に整理されており,面接場面が構造化されているのが特徴である。そのため,心理療法家の個人差が出にくく,実証的な効果研究が行いやすいという特徴がある。
2. 一人で考えるよりも,何人かで一緒に考えると思いつきやすいか

も知れない。信念の中には、「努力すれば報われる」といった肯定的なものもある。また、肯定的な信念も、場合によっては不都合が生じる点について考えてみると良い。

7章　集団心理療法
1. 参加者のパーソナリティや過去経験から参加者の問題をとらえるだけではなく、集団内での「いま・ここで」生じている相互作用や自己経験に焦点を合わせることが重要であると考えられるようになった。
2. グループという小宇宙の中で、歪みや偏りを含んだ自分の対人関係の持ち方を再現し、それについて周囲からのフィードバックを受けつつ、受容的、指示的な雰囲気の中でそれとは違ったあり方を模索することである。
3. さりげない日常の集団活動の中に、ヤーロムの指摘する集団心理療法の援助的要素を見ることができるだろうか。

8章　家族療法
1. ボウエン派は精神分析的な考え方に近く、個としての家族成員の独立性を重視する。構造派は、コミュニケーションだけでなく、家族内のサブシステムの構造に着目する。
2. どのようなサブグループが存在するか、サブグループ間の関係、疎通性はどうか、集団内に存在する暗黙のルールはないか、などについて考えてみると良い。

9章　子どもの心理療法
1. アンナ・フロイトとクラインは、ともに子どもの無意識に注目するが、遊びを解釈の素材にするか、解釈するまでの準備として使うかに違いがある。クラインとアクスラインは、遊びそのものが伝える意味に注目するが、解釈する次元が異なる。アクスラインとアンナ・フロイトは、遊びの象徴的解釈を重視しないが、セラピーにおける遊びの位置づけが異なる。
2. 例えば一人で遊ぶコンピューターゲームと、何人かで役を決めて遊ぶ宇宙基地ごっこでは、子どもが働かせる想像力や、創造的な実

験という側面は異なると考えられる。

10章 臨床心理的地域援助

1. 例えば，どれだけ立派な学生相談室を作っても，その存在が学生に知らされていなければ利用されない。相談室が有効に活用されるためには，広報活動によってその存在を周知するとともに，心理面のケアに関する啓蒙活動を行うことが必要である。また，個々の学生の援助にあたっては，学生課の職員，ゼミの教員，地域の精神保健機関などと，状況に応じて連携する必要が生じる。
2. 新入生の学校生活への適応，進路選択に関するストレス，クラブ活動と学業の両立など，ストレス対処の必要性は身近なところにも存在している。

11章 心理査定・アセスメント

1. ターマンの知能指数は，精神年齢を暦年齢で割り100をかけるという計算によって出すが，偏差知能指数は，同年齢集団の成績分布に照らして，平均（IQ=100）からの逸脱度を示すものである。
2. 目録法は簡便で客観的な評価が可能だが，被検査者による意図的操作が可能である。投映法は意図的操作が難しく，多元的な情報が得られるが，採点が複雑で，解釈も主観的になりやすい。
3. 精神医学的診断が，疾病の特定と分類を目的としているのに対し，心理査定では，クライエント本人の特性や環境を視野に入れ，クライエントの心理的次元での苦痛を理解しようとする。
4. 心理臨床の現場では，心理検査の施行，採点，分析に加え，面接を通して得られた情報，そして他のスタッフから得られた情報を総合し，クライエントの問題の理解と，援助の指針を引き出していく。

12章 臨床心理学の学習

1. 臨床心理学の学びの特徴は，他の心理学の領域の学びのように，ただ知的な学習ではなく，現場での参加学習を含んでいるということである。現場での参加学習がない臨床心理学の学びは十分なものといえない。
2. 臨床心理学の学びの困難点は，現場での参加観察ということであ

る。参加観察では、主体は現場にあり、参加観察者は学ばせてもらうという姿勢で参加するということである。これを忘れないことが大事である。
3. 公認心理師（国家資格）を目指して努力する。

13章　臨床心理学の研究
1. 実験心理学が知的な関心を中心に問題を追及していくのに対して、臨床心理学の研究は現場の問題や困難を中心にその解決方法に向けて研究をすすめていくという点には大きな違いがある。
2. 臨床心理学の研究方法としては、一例研究、事例研究などに特色がある。それ以外に、調査研究、実験的研究もある。目的に合わせて、研究方法が選ばれる。

引用・参考文献

[A]

Ackerman, N. W. (1958). *The psychodynamics of family life*. New York; Basic Books. (小此木啓吾・石原 潔(訳) (1965, 1970). 家族関係の理論と診断, (上)家族生活の精神力学, (下)家族関係の病理と面接 岩崎学術出版社)

Allen, D. M. (1988). *A family systems approach to individual psychotherapy*. New Jersey; Jason Aronson.

Alliance of Psychoanalytic Organizations (2006). *Psychodynamic Diagnostic Manual* (PDM). Interdisciplinary Council.

Allport, G. W. (1937). *Personality: A psychological interpretation*. New York; Henry Holt. (詫間武俊(他訳) (1982). パーソナリティ:心理学的解釈 新曜社)

Allport, G. W. & Odbert, H. S. (1936). Trait-names: A psycho-lexical study. *Psychological Monographs*, **47** (Whole pp. 1–211)

Altman, N., Briggs, R., Frankel, J., Gensler, D., & Pantone, P. (2002). *Relational child psychotherapy*. New York; Other Press.

American Psychiatric Association (2000). *Diagnostic and statistical manual of mental disorders: DSM-IV-TR*. APA. (高橋三郎・大野 裕・染谷俊幸(訳) (2002). DSM-IV-TR 精神疾患の診断・統計マニュアル 医学書院)

Axline, V. (1947). *Play therapy*. New York; Houghton-Mifflin. (小林正治(訳) (1985). 遊戯療法 岩崎学術出版社)

[B]

Bandura, A. (1977). *Social learning theory*. Englewood Cliffs, NJ; Prentice-Hall. (原野広太郎(監訳) (1979). 社会的学習理論；人間理解と教育の基礎 金子書房)

Bandura, A., Blanchard, E. B., & Ritter, B. (1969). The relative efficacy of desensitization and modeling approaches for inducing behavioral, affective, and attitudinal changes. *Journal of Personality and Social Psychology*, **13**, 173–199.

Bateson, G. et. al. (1972). *Step to an ecology of mind*. San Francisco; Chandler Press. (佐藤良明(訳) (1990). 精神の生態学 思索社)

Beck, A. T. (1976). *Cognitive therapy and the emotional disorders*. New York; International University Press. (大野 裕(訳) (1990). 認知療法：精神療法の新しい発展 岩崎学術出版社)

Bellack, A. S. & Hersen, M. (1985). General considerations. In M. Hersen & A. S. Bellack (Eds.) *Handbook of clinical behavior therapy with adult*. Plenumm Press.

Berne, E. (1961). *Transactional analysis in psychotherapy*. New York; Grove Press.
Bion, W. R. (1961). *Experiences in groups and other papers*. New York; Basic Books. (池田数好(訳) (1972). 集団精神療法の基礎 岩崎学術出版社)
Bloom, B. L. (1973). *Community mental health: A historical and critical analysis*. Morristown, N. J., Gereral Learning Press.
Bowen, M. (1961). Family psychotherapy. *The American Journal of Orthopsychiatry,* **31**, 40.
Breuer, J. & Freud, S. (1895). *Studies on Hysteria*. Standard ed., 2: London; Hogarth Press. (懸田克躬(訳) (1974). フロイト著作集第7巻 ヒステリー研究 人文書院 pp. 3-229.)
Bruch, M. & Bond, F. W. (Eds.) (1998). *Beyond Diagnosis; Case Formulation Approaches in CBT*. NY, Wiley & Sons. (下山晴彦(編訳) (2006). ケースフォーミュレーション入門 金剛出版)

[**C**]

Cattel, R. B. (1950). *Personality: Systematic theoretical and factual study*. New York; McGraw-Hill.

[**E**]

Ellis, A. (1962). *Reason and Emotion in Psychotherapy*. New York; Lyle Stuart.
Ellis, A. & Harper, R. A. (1975). *A new guide to rational living*. New Jersey; Printice-Hall. (国分康孝・伊藤順康(訳) (1981). 論理療法：自己説得のサイコセラピー 川島書店)
Ellis, A. (1994). *Reason and Emotion in Psychotherapy. Revised and updated*. New York; Institute for Rational-Emotive Therapy. (野口京子(訳) (1999). 理性感情行動療法 金子書房)
Erikson, E. H. (1937). Configuration in play. *Psychoanalytic quarterly*, **6**, 139-214.
Erikson, E. H. (1950). *Childhood and society*. New York; Norton. (仁科弥生(訳) (1978). 幼児期と社会1, 2 みすず書房)
Erikson, E. H. (1964). *Insight and responsibility*. New York; Norton. (鑢幹八郎(訳) (1971). 洞察と責任 誠信書房)
Evans Ⅲ, F. B. (1996). *Harry Stack Sullivan; Interpersonal theory and psychotherapy*. Routledge, London.
Exner, J. E. (1986). *The Rorschach, A comprehensive system, vol 1: Basic Foundations*. 2 nd ed. New York; John Wiley. (高橋雅春・高橋依子・田中富士夫(訳) (1991). 現代ロールシャッハ体系(上) 金剛出版
Eysenck, H. J. (1947). *Dimensions of personality*. Routledge & Kagan Paul.

[**F**]

Fenichel, O. (1945). *The psychoanalytic theory of neurosis*. New York; Norton.
Freud, A. (1965). *The writings of Anna Freud. Volume 6, Normality and Patholgy*

in Childhood. New York; International University Press.
Freud, A. (1966). *The writings of Anna Freud. Volume 2, The Ego and the mechanisms of defense*. New Yok; International University Press.（黒丸正四郎・中野良平(訳)（1982）．自我の防衛機制　誠信書房）
Freud, A. (1974). *The Writings of Anna Freud. Volume 1, Introduction to Psychoanalysis: Lectures for Child Analysts and Teachers 1922-1935*, New York; International University Press.（牧田清志・黒丸正四朗(監修)　岩村由美子・中沢たえ子(訳)（1981）．アンナフロイト著作集第1巻　児童分析入門　岩崎学術出版社）
Freud, S. (1900). *The Interpretation of Dreams*. Standard ed., 4-5, London; Hogarth Press.（高橋義孝(訳)（1968）．フロイト著作集第2巻　夢判断　人文書院）
Freud, S. (1909). *Analysis of a Phobia in a Five-Year-Old Boy*. Standard Ed., 10: 1-147, London; Hogarth Press.（高橋義孝・野田 倬(訳)（1969）．ある五歳男児の恐怖症分析．フロイト著作集第5巻　人文書院　pp. 173-275.）
Freud, S. (1909). *Fragment of an Analysis of a Case of Hysteria*. Standard ed., 7: 1-122, London; Hogarth Press.（細木照敏・飯田 真(訳)（1969）．あるヒステリー患者の断片．フロイト著作集5巻　人文書院　pp. 276-366.）
Freud, S. (1910). *The Future Prospects of Psycho-Analytic Therapy*. Standard ed., 11: 139-151, London; Hogarth Press.（小此木啓吾(訳)（1983）．精神分析療法の今後の可能性．フロイト著作集第9巻　人文書院　pp. 44-54.）
Freud, S. (1912). *The Dynamics of Transference*. Standard ed., 12: 97-108, London; Hogarth Press.（小此木啓吾(訳)（1983）．転移の力動性について．フロイト著作集第9巻　人文書院　pp. 68-77.）
Freud, S. (1914). *Remembering, Repeating, and Working-Through*. Standard ed., 12: 145-156, London; Hogarth Press.（小此木啓吾(訳)（1969）．想起，反復，徹底操作．フロイト著作集第6巻　人文書院　pp. 49-58.）
Freud, S. (1924). *The Dissolution of the Oedipus Complex*. Standard ed., 19: 171-179, London; Hogarth Press.（吾郷晋浩(訳)（1969）．エディプス・コンプレクスの消滅．フロイト著作集第6巻　人文書院　pp. 310-315.）
Freud, S. (1926). *Inhibitions, Symptoms, and Anxiety*. Standard ed., 20: 75-174, London; Hogarth Press.（井村恒郎(訳)（1969）．制止，症状，不安．フロイト著作集第6巻　人文書院　pp. 320-376.）

[G]
Ganzarain, R. (1989). *Object relations group psychotherapy*. Madison, Connecticut; International Universities Press.
Gay, P. (1988). *Freud; A life for our time*. New York; Norton.（鈴木 晶(訳)　フロイト1　みすず書房．）
Greenberg, J. & Mitchell, S. A. (1983). *Object relations in psychoanalytic theory*. Cambridge, Massachusetts; Harvard University Press.（横井公一(監訳)（2001）．精神分析理論の展開　ミネルヴァ書房）

Guilford, J. P. (1959). *Personality*. New York: McGraw-Hill.

[**H**]

Hale, R. L. & Green, E. A. (1995). Intellectual Evaluation. In L. A. Heiden & M. Hersen (Eds.) *Introduction to Clinical Psychology*. New York; Plenum Press.
秦　一士　(1993).　PFスタディの理論と実際　北大路書房
Haley, J. (1976). *Problem Solving Therapy*. San Francisco, Jossey-Bass Inc. (佐藤悦子(訳) (1985).　家族療法：問題解決の戦略と実際　川島書店)
平川忠敏　(1995).　地域中心主義．山本和郎・原裕視・箕口雅博・久田満(編)　臨床・コミュニティ心理学　ミネルヴァ書房
Hoffman, L. (1981). *Foundation of family therapy*. New York; Basic Books.

[**J**]

Jackson, D. (1957). The question of family homeostasis. *Psychiatry Quaterly*, 31, 79-90.
Jacobson, E. (1938). *Progressive relaxation*. Chicago; University of Chicago Press.
Johnstone, L. & Dallos, R (2006). *Formulation in psychology and psychotherapy: making sense of people's problems*. Routledge
Jung C. G. (1960). *Psychologische Typen, 9.*, revid. Auflage, Zurichu. Suttgart: Rascher Verlag. (高橋義孝・森川俊夫・佐藤正樹(訳) (1987).　ユングコレクション2，心理学的類型，Ⅰ，Ⅱ　人文書院)

[**K**]

片口安史　(1987).　改訂　新・心理診断法－ロールシャッハ・テストの解説と研究　金子書房
亀口憲治　(2000).　家族臨床心理学　東京大学出版会
Klein, M. (1932). *The Psychoanalysis of Children, The Writings of Melanie Klein Vol. 2*, The Melanie Klein Trust. (小此木啓吾・岩崎徹也(責任編訳) (1997).　メラニークライン著作集2　児童の精神分析　誠信書房)
Koch, C. (1952). *The Tree Test* (Der Baumtest). Bern; Verlag Hans Huber. (林　勝造・国吉政一・一谷彊(訳) (1970).　バウム・テスト－樹木画による人格診断法　日本文化科学社)
Kohut, H. (1971). *The analysis of the self*. New York; International University Press. (水野信義・笠原嘉(監訳) (1995).　自己の分析　みすず書房)
Kohut, H. (1977). *The restoration of the self*. New Yorks; International University Press. (本城秀次・笠原嘉(監訳) (1995).　自己の修復　みすず書房)
Korchin. S. J. (1976). *Modern clinical psychology: Principles of intervention in the clinic and community*. New York; Basic Books. (村瀬孝雄(監訳) (1980).　現代臨床心理学：クリニックとコミュニティにおける介入の原理　弘文堂)
来栖宗高　(1981).　少年鑑別所の沿革と思想．朝倉京一・佐藤司・佐藤春夫・森下忠・八木國之(編)　日本の矯正と保護　第2巻，少年編，有斐閣
京都文教大学(編)　(2000).　ザ・臨床心理学　創元社

[L]

Lewin, K. (1948). *Resolving Social Conflict; Selected Papers on Group Dynamics*. New York; Harper.

[M]

MacWilliams, N. (1994). *Psychoanalytic diagnosis: Understanding personlaity structure in the clinical process*. New York; Guilfordpress. (神谷栄治・北村婦美(訳) (2005). パーソナリティ障害の診断と治療 創元社)
Mann, P. A. (1978). *Community Psychology: Concepts and application*. New York; Free Press.
松原達哉・藤田和弘・前川久男・石隈利紀(訳) (1993). K-ABC心理・教育アセスメントバッテリー 丸善メイツ
松本雅彦 (1991). 精神医学的診断基準. 三好暁光・氏原 寛(編) 臨床心理学2. アセスメント 創元社 pp. 29-65.
McWilliams, N. (1999). *Psychoanalytic case formulation*. Guilford Press. (成田善弘(監訳) (2006). ケースの見方・考え方 創元社)
Minuchin, S. (1974). *Families and family therapy*. Cambridge, MA; Harvard University Press.
宮嶋邦明 (1982). 知能の測定. 塩見邦雄・金光義弘・足立明久(編) 心理検査・測定ガイドブック ナカニシヤ出版
MMPI新日本版研究会(編) (1997). MMPI新日本版の標準化研究 三京房
Morrison, J. (1995). *The first interview: Revised for DSM-Ⅳ* New York; The Guilford Press.
村山正治・上里一郎 (1979). 講座心理療法8 セルフヘルプ・カウンセリング 福村出版

[N]

日本版WAIS-Ⅲ刊行委員会 (2006). WAIS-Ⅲ成人知能検査法 日本文化科学社
日本心理臨床学会(編) (2006). 学会創立25周年記念号

[O]

小川捷之ほか(編) (1990). 臨床心理学大系第3巻 臨床心理学を学ぶ 金子書房

[P]

Palazzoli, M. S. (1978). *Paradox and counterparadox*. New York; Jason Aronson.
Perls, F. S. (1976). *The Gestalt aproach and eye witness to therapy.* New Tork; Bantam Books. (倉戸ヨシヤ(監訳) (1990). ゲシュタルト療法：その理論と実際 ナカニシヤ出版)
Perls, F. S., Hefferline, R. F. & Goodman, P. (1994). *Gestalt therapy:Excitement and growth in the human personality.* New York; The Gestalt Journal Press.
Pine, F. (1990). *Drive, ego, object and self*. New York; Basic Books. (川畑直人(監訳) (2003). 欲動・自我・対象・自己 創元社)

[R]
Rapaport, D. & Gill, M. M.（1959）. The points of view and assumptions of metapsychology. In *The collected papers of David Rapaport*. New York; Basic Books, pp. 795–811.
Rogers, C.（1942）. *Counseling and psychotherapy*. Boston; Houghton Mifflin.（友田不二男（訳）（1965）．心理療法　岩崎学術出版社）
Rogers, C.（1951）. *Client–centered therapy*. Boston; Houghton Mifflin.（伊藤　博・佐治守男（訳）（1968）．来談者中心療法　岩崎学術出版社）
Rogers, C. R.（1970）. *Encounter groups*. New York; Harper and Row.（畠瀬　稔・畠瀬直子（訳）（1973）．エンカウンター・グループ：人間信頼の原点を求めて　ダイヤモンド社）
Rorschach, H.（1921）. *Psychodiagnostik: Methodik und Ergebnisse eines wahrnehmungs diagnostischen Experiments*. Bern: Ernst Bircher.（鈴木睦夫（訳）（1998）．新・完訳精神診断学　金子書房）
Rutan, J. S. & Stone, W. N.（1993）. *Psychodynamic group psychotherapy*. New York; Guilford Press.

[S]
Satir, V.（1964）. *Conjoint family therapy*. Palo Alto, CA; Science & Behavior Books.
Sattler, J. M.（1882）. *Assessment of children's intelligence and special abilities*. Boston; Allyn and Bacon.
Skinner, B. F., Solomon, H. C., & Lindsley, O. R.（1953）. Studies in behavior therapy, Metropolitan State Hospital, Waltham, Massachusetts, State Report, Ⅰ, Nov., 30.
Snyderman, M. & Rothman, S.（1987）. Survey of expert opinion on intelligence and aptitude testing. *American Psychologist*, **42**, 137–144.
外岡豊彦（監修）（1991）．内田クレペリン精神検査・基礎テキスト（増補改訂版第14刷）　日本・精神技術研究所
Sullivan, H. S.（1953）. *The Interpersonal Theory of Psychiatry, The William Alanson White Foundation*. New York; W. W. Norton & Company Inc.（中井久夫・宮崎隆吉・高木敬三・鑪幹八郎（共訳）（1984）．精神医学は対人関係論である　みすず書房）
Sullivan, H. S.（1954）. *The psychiatric Interview*. New York; Norton.（中井久夫・松川周悟・秋山　剛・宮崎隆吉・野口昌也・山口直彦（訳）（1986）．精神医学的面接　みすず書房）
鈴木浩二．（1989）．家族療法．伊藤隆二（編）　心理療法ハンドブック　福村出版　pp. 312–339.

[T]
田中勝博（2002）．心理診断の留意点と診断会議．町田　清・坂本健（編著）　児童相談所援助活動の実際　ミネルヴァ書房　pp. 37–41.
田中教育研究所（編）（2003）．田中ビネー知能検査Ⅴ　田研出版
田畑　治（1982）．カウンセリング実習入門　新曜社

辻平治郎・藤島 寛・辻斉・夏野良司・向山泰代・山田尚子・森田義宏・秦 一士 (1997). パーソナリティの特性論と5因子モデル—特性の概念，構造，および測定　心理学評論，**40**, 239-259.

辻岡美延 (1979). 新性格検査法—Y-G性格検査実施・応用・研究手引き　日本・心理テスト研究所

[W]

Wachtel, P. (1997). *Psychoanalysis, behavior therapy, and the relational world*. American Psychological Association. (杉原保史(訳) (2002). 心理療法の統合を求めて；精神分析・行動療法・家族療法　金剛出版)

Wechsler, D. (1944). *The measurement of adult intelligence* (3 rd ed.). Baltimore; Willams & Wilkins.

Weiner, I. B. (1975). *Principles of psychotherapy*. New York; John Wiley & Sons. (秋谷たつ子, 小川俊樹, 中村伸一(訳) (1984). 心理療法の諸原則(上)　星和書店)

Wines, A. N. & Tindall, A. G. (1995). Interviewing, In L. A. Heiden & M. Hersen (Eds.) *Introduction to clinical psychology*. New York; Plenum Press.

Winnicott, D. W. (1965). *The maturational process and the facilitating environment: Studies in the theory of emotional development*. London; Hogarth. (牛島定信(訳) (1977). 情緒発達の精神分析理論　岩崎学術出版社)

Winnicott, D. W. (1971). *Playing and reality*. London; Hogarth. (橋本雅雄(訳) (1979). 遊ぶことと現実　岩崎学術出版社)

Winnicott, D. W. (1986). *Holding and interpretation: Fragment of an analysis*. London; Hogarth. (北山 修(監訳) (1989). 抱えることと解釈　岩崎学術出版社)

Wolpe, J. (1958). *Psychotherapy by reciprocal inhibition*. Stanford University Press. (金久卓也(監訳) (1977). 逆制止による心理療法　誠信書房)

Wolpe, J. (1967). *The practice of behavior therapy*. Pergamon Press Inc. (内山喜久雄(監訳) (1969). 行動療法の実際　黎明書房)

[Y]

Yalom, I. D. (1995). *The theory and practice of group psychotherapy*. New York; Basic Books.

山本和郎 (1986). コミュニティ心理学　東京大学出版会

索　引

人名索引

アイゼンク(Eysenck, H. J.)　74
アクスライン(Axline, V.)　121, 127, 129, 130
アッカーマン(Ackerman, N.)　107
アドラー(Adler, A.)　44
アレクサンダー(Alexander, F.)　101
アレン(Allen, D. M.)　108
アンナ・フロイト(Freud, A.)　39, 48, 53, 121, 122, 130
伊東　博　6
ウィークランド(weakland, J.)　106
ウィニコット(Winnicott, D. W.)　53, 132
ウェクスラー(Wechsler, D.)　160
ウォルピ(Wolpe, J.)　78
ヴント(Wundt, W.)　9
エリクソン(Erikson, E. H.)　48
エリクソン(Erickson, M. H.)　111, 130
エリス(Ellis, A.)　83, 86
エレンバーガー(Ellenberger, E.)　2
オルポート(Allport, G. W.)　163, 166
オドバード(Odbert, H. S.)　167
カウフマン(Kaufman, A. S)　162
ガレノス(Galenus, C.)　164
ガンザレイン(Ganzarain, R. C.)　92
キャッテル(Cattell, J. M.)　166
ギルフォード(Guilford, J. P.)　166, 171
クライン(Klein, M.)　53, 121, 124, 130
クレッチマー(Kretschmer, E.)　164
クレペリン(Kraepelin, E.)　170
クロッパー(Klopfer, B.)　176
コーチン(Korchin, S. J.)　142
コッホ(Koch, C.)　176
コフート(Kohut, H.)　55
佐治守夫　6
サティア(Satir, V.)　107, 109

サリヴァン(Sullivan, H. S.)　57, 71, 93, 101, 108
ジェイコブソン(Jacobson, E.)　78
シモン(Simmon, T.)　157
ジャクソン(Jackson, D.)　106, 109
シャルコー(Charcot, J. M.)　2
シュナイダー(Schneider, K.)　13
スキナー(Skinner, B. F.)　74
鈴木治太郎　160
スラブソン(Slavson, S. R.)　91
田中寛一　160
ターマン(Terman, L. M.)　157
辻岡美延　172
友田不二男　6
パイン(Pine, F.)　132
パヴロフ(Pavlov, I. P.)　77, 164
ハサウェイ(Hathaway, S. R.)　172
畠瀬　稔　6
パラツォーリ(Palazzoli, M. S.)　107, 113
パールズ(Perls, F. S.)　95
ハルトマン(Hartmann, H.)　39
バーン(Berne, E.)　95
バンデューラ(Bandura, A.)　81, 82
ビオン(Bion, W. R.)　92
ビネー(Binet, A.)　155
ヒポクラテス(Hippokrates)　164
プラット(Pratt, J. H.)　90
ブロイアー(Breuer, J.)　102
フロイト(Freud, S.)　10, 33, 47, 70, 102, 106, 121, 126, 131, 165
ベイトソン(Bateson, G.)　106, 111, 113
ヘイリー(Haley, J.)　106, 111
ベック(Beck, A. T.)　84, 86

ベック(Beck, S. J.)　176
ボウエン(Bowen, M.)　107, 109
マッキンレイ(McKinley, J. C.)　172
ミニューチン(Minuchin, S.)　107, 115
村瀬孝夫　6
メスメル(Mesmer, F. A.)　2
モレノ(Moreno, J. L.)　91
ヤスパース(Jaspers, K.)　13
矢田部達郎　171
ヤーロム(Yalom, I. D.)　93, 98, 101

ユング(Jung, C. G.)　10, 44, 164
レヴィン(Lewin, K.)　93
ロジャース(Rogers, C. R.)　5, 63, 64, 70, 71, 93, 127
ローゼンツァイク(Rosenzweig, S.)　174
ロールシャッハ(Rorschach, H.)　175, 176
ワイナー(Weinner, I. B.)　178
ワクテル(Wachtel, P.)　108

事項索引

◆ 欧文・記号

DSM　13, 14
ICD　13, 14
IQ　161
K-ABC　162
MRI　107, 113
WAIS　160, 161
WISC　161

◆ あ 行

愛他性　99
愛着対象　123
遊び　121, 132
移行現象　54, 132
異常心理学　12
イド　37, 39, 55
いま・ここで　92, 93, 95, 96
因子分析　161, 166
インテーク面接　28, 179
ウェクスラー式検査　160
A式検査　158
エディプス・コンプレックス(葛藤)　35, 38, 49, 51, 57, 123
エナクトメント　116
エネルギー経済論　37
エンカウンター・グループ　64, 97

エンプティ・チェア　95
応用行動分析　74
オペラント条件づけ　74

◆ か 行

絵画欲求不満テスト　174
外向―内向　165
解釈　40, 122, 124, 128, 129
カウンセリング　5, 44, 64, 145
科学的操作主義　4
鏡転移　56
学習能力　156
学習理論　73
学生相談活動　5
学童期　50
家族関係　99, 153
家族療法　44, 105, 120
カタルシス　91, 102
玩具　126
観察学習　16, 82
感受性訓練　95
危機介入　142
基底的想定グループ　92
祈祷師　4
機能分析　75
逆制止(抗条件づけ)　74, 78
逆転移　43

脚本分析　　96
強化　　75
共感　　55, 67, 68, 127
矯正施設　　159
恐怖症　　81
筋弛緩訓練　　78
空想　　34, 50, 187
クライエント　　26, 64, 178
クライエント中心(療法)　　6, 63, 120, 127
グループ・アプローチ　　89, 93, 96
系統的脱感作法　　78, 79, 84
ゲシュタルト療法　　95
ケース・フォーミュレーション　　178
ゲーム分析　　96
嫌悪療法　　79
言語性の検査　　158, 161
現実吟味力　　135
合意による確認　　59, 101
攻撃性　　127, 172
口唇期　　38, 49, 130
口唇性格　　165
構造論　　38
肯定的意味づけ　　114
行動修正　　74, 75
行動主義心理学　　73
行動療法　　74
行動論　　10, 73, 86, 120
肛門期　　38, 49, 130
肛門性格　　165
交流分析　　95, 96
個人心理学　　45
個人分析　　44, 48
誇大感　　55, 56
個体発達分化説(エピジェネシス)　　48, 51
国家資格　　17
古典的条件づけ　　74, 77
個別式検査　　158
コミュニケーション　　111, 113, 117
コミュニティ心理学　　137, 139
コンサルテーション　　29, 138, 142, 143, 149

◆さ 行

災害ストレス　　145
サイコドラマ(心理劇)　　91, 95
催眠　　4, 34, 112
催眠浄化法　　34
作業グループ　　92
査定面接　　28
三角関係　　109, 115
参与観察　　59
シェーピング(反応形成)　　76
自我　　37, 39, 51, 55, 122, 134
自我心理学　　39, 48, 133
自我同一性　　50, 131
刺激性制御　　76
自己　　56, 66, 67, 96, 101, 109, 111, 127, 135
自己一致　　67, 68
自己開示　　84, 101
自己概念　　67, 111
自己実現　　66
自己心理学　　55
自己対象　　55
自己同一性　　50, 131
システミック・アプローチ　　114
システム論　　113
自尊感情　　56, 99, 134
実現傾向　　65, 127
実験心理学　　4
実証　　154, 165
実地訓練　　16
児童相談所　　64, 146, 154, 188
児童分析　　121, 123, 125
社会的学習理論　　81
社会的スキル　　84, 100, 183
修正情動体験　　100, 101
集団式検査　　158
集団心理療法　　44, 89, 91, 100, 105, 150
習得度尺度　　162
自由連想法　　36, 40, 41

呪術師　4
受容　50, 65, 68, 70, 128
ジョイニング　116
生涯発達論　51
条件づけ療法　74
少年鑑別所　154, 190
情報提供　99, 140, 142, 145, 147
初回面接　28, 179, 180
職業倫理　17
助言　99, 140, 143
人格　143, 153, 155, 163
神経症　34, 185, 187
人権　19
シンタクシック　59
診断　28, 30, 153
心的外傷　34, 145, 147
心理検査　5, 159, 188, 190
心理査定　153, 177, 184, 188
心理的援助面接　29
心理力動的な診断　165, 185
心理力動論　10, 36, 73
心理療法　25, 29, 33, 64, 67, 108, 112
心理臨床家　26, 138, 143, 154
スキナー・ボックス　75
性器段階　38
精神医学的診断　153, 184
精神科医　144, 166, 188
精神内界　57, 140
精神分析　33, 44, 47, 120, 140
青年期　50
正の強化　76
摂食障害　97
セルフ・ヘルプ・グループ　89, 90, 96
前意識　37
漸進的弛緩法　78
選択的非注意　58
全能感　55
潜伏期　38
専門的活動の記録　23
戦略的家族療法　111
躁うつ病　164, 185
操作的な定義　156

相談　145
測定・評価　154
ソーシャルワーカー　107, 138, 144

◆ た　行

対象関係論　93, 126, 131
対人関係論　57, 93, 101
第二次性徴　38, 50
男根期　38, 49
男根性格　165
地域精神保健（衛生）　138, 140
知的障害　158
知能　153, 155, 157, 159, 188
知能検査　155, 159
調査　142, 149, 188
超自我　37, 39, 55
治療教育　155
Tグループ　93
抵抗　41
適応論　39
テスト不安　79
転移　41, 42, 43, 56, 71, 123
てんかん　164
電話相談活動　143
統合失調症　164, 185
動作性下位検査　161
洞察　36, 91
闘争－逃避　92
特性論　165, 167
匿名断酒会（A. A.）　97
トークン・エコノミー　76
トラッキング　116

◆ な　行

ニューヨーク・テロ事件　146
人間関係ラボ　95
人間性心理学　63
認知・行動理論　120
認知過程　74, 81, 83
認知行動療法　10, 81

認知療法　84
寝椅子　40

◆は 行

バウムテスト　176
白昼夢　123
発生論　38
発達障害　158
発達促進的環境　53
パラタクシックな歪み　58
反射　70, 128
阪神・淡路大震災　144
P-Fスタディ　173
非行少年　64, 190
非指示的　70, 127, 128
ヒステリー　34, 173
ビネー式検査　159
秘密保持　21
描画　123
標準化された検査　157
標的行動　75
ファシリテーター　95
不安　57
不安階層表　78
フェーディング　76
複合体(コンプレックス)　35
普遍的無意識　44
ブリーフ・セラピー　111
プロトタクシック　58
プロンプティング　76
分析心理学　44
並行面接　120
ベーシック・エンカウンター・グループ　94
変化促進の要因　129, 130, 133
防衛　41, 165, 187
保健所　146
ほどよい母親　54
ボランティア　144, 145

ホールディング　53
本能(欲動)　35, 37, 125, 126

◆ま 行

ミネソタ多面的人格目録(MMPI)　172
ミラノ派(システミック派)　113
無意識　35, 37, 71, 125, 187
無条件刺激　77
無条件の肯定的関心　67
メタコミュニケーション　110, 112
妄想分裂ポジション　126
モデリング　81, 82, 84
模倣行動　100

◆や 行

遊戯療法　44, 121, 127
夢　35, 40, 123, 187
幼児性欲　38
抑圧　40, 70
抑うつポジション　126
欲求不満　127

◆ら 行，わ

ライフサイクル　51
ラベリング　83
理性感情(行動)療法　83
理想化転移　56
リビドー　37, 49, 131
リフレーミング　116
臨床心理の地域援助　137
倫理綱領　17, 23
類型論　164, 165, 166, 172
レスポンデント条件づけ　77
ロールシャッハ・テスト　5, 175
ロールプレイ　85
ワーク・スルー　43

著者略歴

鑪　幹八郎 (1, 12–14章担当)
たたら　みき はち ろう

1962年　京都大学大学院教育学研究科
　　　　博士課程中退
1968年　教育学博士（京都大学）
　　　　元京都文教大学学長
　　　　広島大学名誉教授

川　畑　直　人 (2–11章担当)
かわ　ばた　なお　と

1987年　京都大学大学院教育学研究科
　　　　博士課程中退
1999年　教育学博士（京都大学）
現　在　京都文教大学臨床心理学部教授

Ⓒ　鑪 幹八郎・川畑直人　2009

| 2009年7月21日 | 初 版 発 行 |
| 2023年4月10日 | 初版第10刷発行 |

心理学の世界　基礎編 8
臨　床　心　理　学
心の専門家の教育と心の支援

著　者　鑪　幹八郎
　　　　川　畑　直　人
発行者　山　本　　格

発 行 所　株式会社　培　風　館

東京都千代田区九段南 4-3-12・郵便番号 102-8260
電 話 (03) 3262-5256 (代表)・振 替 00140-7-44725

港北メディアサービス・牧 製本

PRINTED IN JAPAN

ISBN 978-4-563-05874-6　C3311